LA
RENÉGATE.

OUVRAGES

QUI SE TROUVENT CHEZ LES MÊMES LIBRAIRES.

Théorie nouvelle et raisonnée du Participe français, par M. Boscher, bachelier ès-lettres ; *troisième édition*, revue et augmentée ; 2 vol. in-8°... 5 »

Contes à mes Filles, traduit de l'allemand de Kotzbue ; 2 vol. in-12, ornés de onze jolies gravures... 7 »

Cours de Politique constitutionnelle, ou Collection complète des Ouvrages publiés sur le Gouvernement représentatif et la Constitution actuelle de la France, par M. Benjamin Constant ; 8 vol. in-8°.............................. 5 »

Séjour d'un Officier français en Calabre, ou Lettres propres à faire connaître l'État ancien et moderne de la Calabre ; le Caractère, les Mœurs de ses habitans, et les Événemens politiques et militaires qui s'y sont passés depuis l'occupation des Français ; 1 vol. in-8°.................................. 4 »

Du Sort de l'Homme dans toutes les conditions ; du Sort des Peuples dans tous les siècles, et particulièrement du Sort du Peuple français, par M. H. Azaïs ; 3 vol. in-8°............. 8 »

Budget Politique, Littéraire, Moral et Financier de la France, pour l'année courante, extrait du portefeuille des Ministres des deux régimes ; par un homme qui l'a eu plus d'une fois entre les mains, sans jamais le prendre pour son compte ; 1 vol. in-8°.............. 5 »

DE L'IMPRIMERIE DE DAVID.

Il Signac en frémissant de rage.

LA RENÉGATE;

Par L. T. GILBERT.

TOME SECOND.

A PARIS,

CHEZ
- BÉCHET AINÉ, LIBRAIRE, QUAI DES AUGUSTINS, N° 57;
- HAUTCOEUR ET GAYET J°, LIBRAIRES, RUE DAUPHINE, N° 20.

M. DCCC. XXII.

LA RENÉGATE.

CHAPITRE XXIV.

———

Le ministre Ulvic avait eu soin d'informer son amie la baronne Luober de sa déclaration d'amour à Palma, et de l'aveu qu'il avait obtenu. Rien ne semblait plus s'opposer à sa fortune que l'article de la religion, c'était là la pierre d'achoppement; l'écueil était difficile à franchir, Ulvic ne voyait pas les choses du même œil que la baronne; les différens entretiens qu'il avait eu occasion d'avoir avec Palma lui laissaient peu d'espérance de ce côté ; une seule chose sur laquelle il comptait assurer son triomphe, était l'amour que la fille du comte de Polo ressentait pour lui. Mme Luober l'engagea à poursuivre sa conquête sans s'embarrasser du reste, l'assurant qu'elle se chargerait volontiers, comme elle le lui avait déjà promis, de travailler l'esprit de sa jeune pensionnaire et de l'amener d'elle-même à faire le bonheur de son amant.

Ils en étaient là de leur entretien, lorsqu'un domestique de la maison vint apporter une lettre à sa maîtresse. Cette dépêche était scellée d'un cachet noir, la Baronne l'examina et reconnut les armes de son frère. Ce cachet rompu, madame Luober lut le contenu de cette lettre. Une sœur pauvre qu'elle

avait en Allemagne, lui écrivait pour
la prévenir de la mort du baron de
Modenn leur frère, de l'état de sa fortune, et terminait son épître par lui
annoncer l'arrivée chez elle de trois
nièces qui réclamaient ses soins et sa
tendresse.

« Vous leur servirez de mère, écri-
vait-elle, vous les guiderez dans le monde, cela vous convient mieux qu'à moi,
pauvre veuve, qui n'ai d'autre revenu
que le fruit de mon travail, et que la
misère désormais va éloigner de la
société. »

L'arrivée des trois jeunes personnes
dans sa maison contraria d'abord
madame Luober; mais lorsque dans
un dernier paragraphe de sa lettre, sa
sœur lui marquait qu'elle recevrait tous
les ans du notaire de M. Modenn une

somme de douze cents florins pour la pension des trois sœurs, la Baronne se dérida un peu et finit par n'être pas fâchée de la circonstance ; le ministre Ulvic la consola tout-à-fait, en lui faisant entendre que ce serait pour les deux demoiselles espagnoles une société fort agréable et qui ne contribuerait pas peu à avancer ses projets d'ambition.

Madame Luober n'avait jamais vu ses nièces, quelquefois son frère lui en avait parlé dans ses lettres. L'aînée (Charlotte) était âgée de dix-huit ans, c'était une blonde charmante, d'un caractère doux et liant ; la cadette (Lise) était aussi jolie que sa sœur, mais plus vive, plus résolue et d'un caractère plus solide ; quant à la troisième (Sophie), elle avait douze ans ; tout en elle annonçait la beauté, mais son esprit n'était guères plus développé que ses charmes ; on démêlait en elle, avec de la bonté, le germe d'un orgueil insupportable ; sa grande jeunesse donnait beaucoup d'espérance pour rompre son caractère, et l'on attendait de sa raison naissante les plus heureux résultats.

Au dîner madame Luober fit part de sa lettre à Palma et à Laurence, qui en marquèrent beaucoup de joie. Tout aimable que madame Luober se montrât auprès des belles Espagnoles, la disproportion des âges parfois l'éloignait des jeux et des amusemens que l'on choisit à vingt ans, et l'arrivée des trois allemandes devait naturellement flatter Palma et Laurence, et surtout cette dernière, qui pensait que plus sa sœur aurait de distraction, plus il lui serait possible d'éloigner de son esprit et de son cœur une passion qu'elle ne pouvait nourrir sans des suites malheureuses.

Le lendemain, comme tout le monde allait se disposer pour la promenade du Lac, une voiture de voyage s'arrêta à la porte de la Baronne et l'on en vit sortir les trois nièces, dont le premier empressement fut d'aller se jeter dans les bras d'une tante qu'elles n'avaient jamais vue. Tout le monde fut ravi de ces trois personnes dont la beauté, la grâce et la modestie prévenaient en leur faveur. Ulvic se chargea du compliment de madame Luober, qui fut reçu avec les marques de la plus vive reconnaissance.

On remit volontiers la promenade à une autre soirée, et chacun s'empressa autour des trois nièces pour leur installation chez la Baronne.

Le souper fut une espèce de fête où chacun s'empressa de montrer ses talens; Palma surtout y chanta d'une manière ravissante, la romance chérie que le ministre Ulric avait composée pour elle.

> Amour, idole du bel âge,
> Dois-je aimer ou craindre tes lois;
> Et des flèches de ton carquois
> Admirer le magique usage?
> Blessé, mon trop sensible cœur,
> Sur ta clémence se repose :
> Dieu! dans la route où je m'expose,
> N'offre à mes yeux que le bonheur.
>
> L'on dit que tu portes des ailes,
> Et que jaloux de toi, le Temps,
> Lorsque tu fais des cœurs constans,
> Se plaît à les rendre infidèles.

Mais pour qu'à ton culte toujours
Mon âme demeure asservie,
Dieu! de l'aurore de ma vie
Conserve les premiers beaux jours.

Enivre-moi de ton délire;
Embrase et mon âme et mes sens;
Sur tes autels reçois l'encens
D'une mortelle qui t'admire.
Mais si du feu de ton flambeau
Un jour devaient briller mes larmes,
Dieu! du prestige de tes charmes
Sur l'heure arrache le bandeau.

On se retira un peu tard, très-satis-
fait de soi et des autres, avec l'espérance de se rejoindre bientôt et de
goûter encore le même plaisir.

CHAPITRE XXV.

La soirée que l'on venait de passer avait plus que convaincu Ulvic de son bonheur futur; il en repaissait ses esprits, lorsque la fille de service près de Palma vint lui remettre une lettre de la part de sa jeune maîtresse. Quel fut l'étonnement du ministre en lisant ce qui suit :

Monsieur ,

« En vous écrivant, je sens d'avance
» la peine que je vais vous causer;
» mais puisqu'il en est temps encore,
» mon devoir exige que j'arrête les pro-

» grès qu'une passion inconsidérée fait
» chaque jour sur votre cœur et le
» mien.

» Vous n'êtes pas sans savoir que je
» dépends d'un père respectable, que
» déjà j'offense par l'intrigue d'un
» amour secret, puisqu'il ne pourra
» jamais s'accorder avec sa volonté.
» La différence de nos religions est en-
» core un obstacle que rien ne pourra
» vaincre ; car, quelle que soit la force
» de mes tendres sentimens, jamais,
» non jamais, Monsieur, l'amour ne
» l'emportera sur mes devoirs les plus
» sacrés.

» Si vous m'aimez comme vous me
» le dites à tous les instans du jour,
» vous cesserez de me parler d'une
» passion que je ne puis et ne dois
» point approuver ; mais si, peu maître

» de vos sentimens, il vous est impos-
» sible de me voir et de garder le si-
» lence que j'exige, appelez à votre
» secours la vertu et la raison; quittez
» la maison de madame Luober ; par-
» tez, mettez une immense barrière
» entre vous et la malheureuse Palma,
» donnez-lui l'exemple du courage, et
» que votre action aussi noble que dé-
» licate, soutienne et relève la dignité
» du caractère sacré dont vous êtes
» revêtu.

» C'est dans cette pensée consolante
» pour moi, que je vous supplie d'agréer
» les marques bien sincères de l'estime
» particulière que ne cessera de conser-
» ver pour vous,

PALMA, née POLO.

La lecture de cette lettre jeta le

trouble et la confusion dans l'âme du ministre Ulvic. Il ne savait à quoi attribuer le changement de Palma; il en accusait tous ceux qui l'entouraient, en un instant il voyait son amour trompé et l'échafaudage de ses projets ambitieux abattu; il ne lui restait plus que la honte d'avoir reçu son congé. Combien son amour fut blessé! Dans son désespoir Ulvic ne fit point d'éclat; fidèle à son caractère, après quelques minutes de réflexion, il ne perdit pas toute espérance; il était certain d'être aimé de Palma, l'obstacle de la religion qu'elle opposait aux progrès de leur amour s'aplanissait à ses yeux, il allait au contraire le faire servir à assurer sa fortune. Il ne s'agissait que de bien prendre son temps et d'amener Palma dans le piége qu'un instant de raison semblait vouloir lui faire éviter. Le Ministre dès ce moment résolut la perte de Palma, il jura son déshonneur par tous les moyens capables de le servir; cependant il ne voulut rien brusquer. Palma n'était pas une jeune personne sans caractère; il fallait beaucoup d'adresse et de soins pour subjuguer son âme fière, mais Ulvic savait par expérience qu'une femme qui aime, quels que soient les refus qu'elle oppose, les raisons qu'elle donne, est à demi vaincue.

Ulvic en était là de ces réflexions, lorsque madame Luober vint le rejoindre au jardin; le Ministre qui n'avait rien de caché pour elle lui montra la lettre de Palma, et lui fit part de ses résolutions; madame Luober les approuva toutes, après quoi elle dit à

Ulvic, que le bail de sa maison étant expiré, elle se proposait d'en louer une autre dans un quartier peu éloigné, attendu que la sienne devenait trop petite pour loger commodément les personnes qu'elle avait chez elle, et l'invita à l'accompagner pour examiner en détail la nouvelle habitation qu'on lui proposait; ils sortirent ensemble et se rendirent à cette maison dont nous donnerons plus tard la description.

À son retour chez lui, M. Ulvic s'empressa de répondre à Palma, et composa la lettre suivante qu'il fit remettre secrètement par une fille de la maison de madame Luober :

« BELLE PALMA,

» Oui, votre lettre m'a causé une
» peine que rien ne peut vous rendre;

» mes esprits en sont encore troublés,
» mon âme en est anéantie, mon cœur
» est brisé !

» Lorsque l'amour nous enflamma
» consulta-t-il en nous la raison, le
» respect dû à l'autorité paternelle, la
» différence de nos religions ? Non, il
» nous frappa du même coup, il em-
» brasa nos âmes du même feu ; d'un
» trait de plume vous défaites son ou-
» vrage; avec un léger sacrifice de votre
» part, c'est-à-dire en embrassant ma
» religion, qui dans le fond ne diffère
» de la vôtre que par quelques dogmes
» et quelques formes, pures conven-
» tions des hommes, les flambeaux de
» l'hyménée pourraient briller pour
» nous, mais tout-à-coup sans songer à
» la foi jurée, vous trompez un espoir
» si doux, des nœuds si parfaits.

» Palma, je ne chercherai point à
» approfondir la cause du changement
» opéré en vous: je veux respecter votre
» volonté; elle sera pour moi le palla-
» dium de ma conduite, et je saurai
» m'y soumettre.

» Désormais, esclave obéissant à
» votre loi cruelle, comme je le fus de
» votre amour, je saurai garder le silence
» que vous exigez: désormais, la plus
» profonde indifférence régnera entre
» nous. Devant vous je serai de glace,
» lorsque mon cœur brûlant bondira
» sous le poids de sa douleur: je resterai
» près de vous, car je ne saurais m'en
» éloigner; mon supplice fera votre bon-
» heur, mais vous serez heureuse!...

» Ulvic, belle Palma, sera digne, n'en
» doutez pas, de son caractère; c'est plus
» tard que vous pourrez en juger à loisir:

» il est fier de l'estime que vous lui
» conservez. »

Le Ministre ULVIC.

Le soir même, l'adroit Ulvic fit glisse
sa lettre dans la chambre de Palma, et
sut le lendemain par la servante combien
elle avait fait verser de pleurs à la belle
et sensible Espagnole.

CHAPITRE XXVI.

La baronne de Luober venait d'arrêter la nouvelle maison qu'elle se proposait d'habiter; déjà son bail était signé
du propriétaire. Toutes ses dispositions
furent faites pour habiter ce nouveau
séjour, à la fois commode et agréable.

Cette maison, de fort belle apparence,
se composait d'un rez-de-chaussée vaste
et bien distribué, deux étages se trouvaient au-dessus, et présentaient suffi-
samment de place pour composer de

jolis petits appartemens séparés les uns
des autres, quoique communiquant
tous par des portes perdues dans les
boiseries; un jardin fleuriste de plus
d'un arpent, suivi d'un beau verger,
qui se terminait par un petit parc dont
la solitude vraiment délicieuse invitait
à le parcourir. Au bout de ce parc, se
trouvait une maison commode, sous
l'aspect d'une chaumière; elle se composait de quatre petites pièces on ne
peut mieux décorées. C'était là que la
Baronne, en arrivant dans sa nouvelle
demeure, avait résolu de loger son ami
M. Ulvic.

Lorsque tout fut transporté à la nouvelle maison, que chacun fut logé selon
son rang et son goût, Mme Luober
se mit en tête de faire arranger un

oratoire pour sa commodité et celle de ses nièces, mais plus particulièrement, n'en doutons pas, pour servir les intérêts de son digne ami. Ce fut lui qu'elle chargea du soin de faire la demande de la permission au Capitaine-général de Genève, qui ne s'y opposa nullement; et bientôt tout fut arrangé au gré de leurs désirs.

Depuis sa lettre, le ministre Ulvic était d'une circonspection achevée auprès de Palma, qui dans le fond de son âme en était désespérée, quoiqu'elle en marquât de la joie à Laurence, qui la félicitait de la sage résolution qu'elle avait eu la force de prendre; cependant plus tranquille, la fille du comte de Polo trouvait chaque jour des consolations dans le sein de la bonne Laurence, et dans les soins des demoiselles de Modenn, avec lesquelles elle était étroitement liée. Palma eût fini par se guérir de sa passion, sans une circonstance qui la remit sous l'empire de son amant, et qui décida peut-être du destin de sa vie.

Dès que la salle de prêche fut disposée (c'est ainsi qu'on appelait le petit oratoire que Mme Luober avait fait construire dans sa maison), le ministre Ulvic, comme ami, fut invité à se faire entendre à des jours marqués, comme cela est d'usage. Il se rendit avec d'autant plus de complaisance à cette invitation, qu'elle semblait servir ses projets sur Palma, et il espérait, par la force du raisonnement, la ramener dans le piége qu'il lui tendait, et subjuguer sa foi comme il s'était emparé de son cœur.

Deux jours après, c'était un dimanche, Ulvic vint prêcher. Palma et Laurence furent invitées par leurs jeunes compagnes à les suivre à la prêche ; elles firent d'abord quelques difficultés pour s'en défendre, mais Mme Luober leur fit entendre que cette démarche ne les engageait en aucune manière, et que d'ailleurs le Dieu des protestans était celui des chrétiens, que chacun pouvait dans un lieu saint l'adorer à sa manière. Poussées par la curiosité, Palma et Laurence cédèrent, et tout le monde se rendit à l'oratoire où déjà Ulvic se trouvait.

Le ministre fut d'une éloquence qui l'étonna lui-même. Qui donc l'ins-

pira? ce fut l'amour, oui l'amour pro-
fane souffla à Ulvic le plus beau sermon. Jamais dans sa bouche, peut-
être, la raison n'eut plus de force, la
vérité plus de chaleur; il prouva jusqu'à l'évidence l'excellence de sa religion : il la fit aimer par l'auditoire
convaincu. Tout dans son discours
était solide et concluant. Sans s'arrêter
à des détails minutieux, il frappait des
coups d'autant plus sûrs qu'il avait affaire à des âmes disposées à se laisser
persuader. Dans cette séance, son
triomphe fut tellement complet,
que les yeux de Palma ne pouvaient se
détacher de dessus le prédicateur; une
voix secrète semblait lui crier : « c'est
la doctrine de ton amant que tu ad-
mires, qui t'étonne, qui t'élève jus-

qu'au maître des cieux et de la terre. »
Palma cède à l'empire de la raison. Le
ministre s'aperçut de l'effet qu'il pro-
duisit; son amour-propre en fut flatté;
son cœur en fut heureux.

Laurence n'est pas moins entraînée
que sa sœur; toutes deux cependant
veulent s'assurer si les charmes de l'é-
loquence n'auraient pas séduit leur esprit. Pour s'en convaincre, elles dérobent
aux jeunes nièces de Mme Luober quelques
livres des plus grands docteurs de la religion de Luther et de Calvin; la lecture
de ces livres, faite en cachette, les jette
dans la méditation : plus elles s'enfon-
cent dans ces sortes d'ouvrages, plus
elles en admirent la clarté et la force
Les deux sœurs font des comparaisons,
établissent des parallèles. Palma guidée

par sa passion pour le ministre élo-
quent, et Laurence par les raisonnemens de sa sœur et sa légèreté, sont
portées au protestantisme. Déjà le
changement qu'elles désirent en secret
ne les effraie plus. Les entretiens des
demoiselles de Modenn et de Mme Lueber achèvent l'ouvrage du ministre
Ulvic.

Un mois ne s'était pas écoulé que
M. Ulvic avait déjà fait trois sermons:
dans le premier, il avait traité de l'excellence de sa religion; dans le second,
de la différence des communions, de l'a-
doration des saints et des images; dans
le troisième, son éloquence avait prouvé
que l'on pouvait sans crime abjurer un
culte pour rentrer dans un autre, lorsque le Dieu adoré est le même. Dans

le choix des motifs de ces sermons, Ulvic avait eu pour but d'entraîner Palma dans sa communion, et il n'y avait que trop bien réussi.

CHAPITRE XXVII.

Un matin que Mme. Luober se trouvait seule au jardin, Palma et Laurence qui la voyaient de la fenêtre de leur appartement, conçurent le projet d'aller la rejoindre et de la consulter sur ce qu'elles avaient à faire à l'égard de la religion qu'elles se proposaient de suivre. Quand les deux sœurs furent auprès de la baronne, Laurence lui porta la parole la première, et avec sa candeur ordinaire, lui fit sans préambule quelques questions sur le protestantisme, et connaître le désir où elles étaient de l'embrasser. Il n'en fallut

pas dire beaucoup à Mme. Luober, tou-
chant cette matière, pour la mettre
sur la voie du rôle qu'elle avait à jouer
dans cette circonstance, surtout dans
la disposition d'esprit où elle était de
faire des prosélytes à sa communion, et
l'envie qu'elle avait de travailler à la
fortune du ministre Ulvic. Sachant se
composer au besoin une figure sévère,
et peindre du geste la surprise la plus
complète , sur-le-champ la baronne
dit, en fixant d'un air scrutateur Palma
et Laurence :

« La confidence que vous venez de
me faire, mes chères demoiselles. a
d'autant plus lieu de me surprendre, que vous sachant Espagnoles.
et fermes dans les principes de votre
religion, j'ai peine à concevoir comment il se peut que vous pensiez au-

jourd'hui à les abandonner, pour en
suivre d'autres qui vous sont trop peu
connus, pour que vous puissiez établir
entre eux une juste différence. Songez-
y bien, mes jeunes amies, changer de
religion est une chose de la dernière
conséquence. Qui vous dit que vous
êtes appelées à ce grand sacrifice? est-
ce la grâce qui parle en vous? je ne
le pense pas. C'est donc l'éloquence
d'un ministre profond; elle a pu élec-
triser votre esprit, charmer vos cœurs,
et légèrement vous cédez à l'impulsion
des discours d'un homme; mes enfans,
c'est de Dieu seul qu'il faut attendre
le changement de croyance que vous
vous proposez de faire. Cet acte de la
vie, plus important que vous ne pouvez
le croire, demande et plus de temps
et plus de réflexions. A Dieu ne plaise

que je veuille vous détourner d'un projet si louable ; mais je vous conseille de
ne rien presser ; comme je viens de vous
le dire, un tel changement ne peut être
la suite de l'enthousiasme ; car , peut-
être que vos idées ne viennent que
de là.

» Il est encore de mon devoir de vous
représenter l'autorité d'un père, qui
vous a confiées à mes soins, et vous ne
pouvez mettre en doute que, dans cette
affaire , sa volonté est indispensable.
Je sais, ajouta-t-elle avec adresse, que
dans quelques mois d'ici, Palma sera
majeure et libre de suivre son penchant
et de disposer d'elle, comme elle jugera
à propos ; mais une fille bien née est
toujours arrêtée par les convenances et
le respect qu'elle doit aux auteurs de ses
jours. »

Cette réponse sévère aux ouvertures
que venait de faire Laurence, jeta les
deux sœurs dans une espèce d'embarras
et de confusion. Elles remercièrent
Mme. Luober de ses bons avis, en protestant que rien ne pourrait les faire
manquer au respect qu'elles portaient
au comte de Polo, leur père, mais que
l'idée qu'elles s'étaient faite de l'excellence de la religion réformée, d'après
quelques livres qui étaient tombés entre leurs mains, était la véritable cause
de leur projet, et non, comme elle pouvait le croire, l'effet de l'enthousiasme.
Mme. Luober eut l'air de se contenter
de cette raison, et la conversation en
resta là sur ce sujet.

Le ministre Ulvic se trouvait toujours
avec Palma, qui semblait n'être plus
pour lui qu'une personne indifférente;

il affectait avec les deux belles Espagnoles une politesse glaciale; Laurence s'en réjouissait intérieurement; car, dans le fond, elle n'aimait pas Ulvic, et la seule raison qu'elle se donnait, c'est qu'il aimait Palma, qu'elle voyait malheureuse et victime d'une passion qu'elle cherchait vainement à écarter de son cœur. Cependant, elle rendait au savoir d'Ulvic tout l'hommage qu'il méritait; mais elle eût voulu voir le ministre moins souvent, pour le bonheur d'une sœur qu'elle ne savait que chérir.

Dès que la baronne de Luober eut connaissance du projet de Palma, elle en informa son ami Ulvic, qu'elle engagea à redoubler d'efforts pour achever la conversion des deux Espagnoles; et pour accélérer cette œuvre impor

tante et méritoire, comme elle traitait
son action indélicate, elle fit placer
dans un petit cabinet d'étude, attenant
à l'appartement de Palma et de Laurence, une bibliothèque d'environ cent
volumes, sous le prétexte qu'on ne
trouvait pas dans la maison de place
plus convenable pour ses livres qui
étaient tous de choix et parfaitement
reliés. La baronne, comme de raison,
n'oublia pas de défendre aux Espagnoles de toucher à ces livres, ne fût-ce
que pour leur en faire naître le désir.
C'est sur quoi elle comptait.

Ces cent volumes environ étaient
un assemblage d'auteurs scolastiques.
Luther et Calvin y étaient au premier
rang; ensuite venaient les plus célèbres
docteurs allemands et français; enfin,
tous les ouvrages que le ministre Ulric

et sa digne amie crurent capables, par la force de leur raisonnement, d'achever ce qu'ils appelaient l'ouvrage de l'amour dans Palma, et de la légèreté dans Laurence. Nous verrons quels effets produira cet infâme manège, et ce qui doit en résulter.

CHAPITRE XXVIII.

Le comte de Polo, constamment oc-
cupé des affaires de son gouvernement,
ne venait chez Mme. Luober que rare-
ment; il n'avait pas encore vu sa nouvelle demeure; mais les instances que
cette dame lui fit en allant le voir un
jour, le déterminèrent, et il promit de
s'y rendre. En effet, quelques jours
après, le Comte envoya un domestique
prévenir ses filles que, dans la mati-
née, il les embrasserait. La Baronne,

instruite à temps par Laurence de la
visite du Comte, après le déjeûner prit
le ministre Ulvic à part, et l'engagea à
se retirer, pour ne pas se trouver en
présence du comte de Polo. Un mot,
un geste, lui dit Mme. Luober, peut
trahir, vous ou Palma; vous sentez,
mon cher Ulvie, combien de ménagemens j'ai à garder, je veux bien vous
servir, mais je serais au désespoir d'ê-
tre compromise et de perdre, avec la
confiance du Comte, que je sais très-
ombrageux, la somme considérable,
qu'il me paie pour ses enfans. En vous
voyant près de moi, il pourrait prendre
quelques soupçons, interroger ses filles,
et sur le plus léger indice, renverser
votre fortune et détruire mon ouvrage.
Ulvic sentit tout le poids de ce raisonnement, et aussitôt se disposa à aller

voir, dans Genève, quelques personnes
qu'il avait jusqu'alors négligées.

Dès qu'il fut hors de la maison,
madame Luober ordonna à ses nièces
de se tenir dans leur appartement, et
de n'en sortir que lorsqu'elle les ferait
appeler. Ensuite elle fit demander
Palma et Laurence, et leur recommanda de ne rien dire à leur père du projet qu'elles lui avaient confié et qu'elle
avait *combattu* comme sa délicatesse
lui en imposait la loi. Elle ajouta, que
c'était une chose à laquelle il n'était
pas possible de penser, et dont la plus
légère ouverture affligerait le plus respectable des pères et pourrait bien
ensuite allumer sa colère. Palma et sa
sœur furent du même avis que la Baronne et convinrent avec elle, qu'on
cacherait soigneusement au Comte

tout ce qui avait été dit concernant la religion réformées pour laquelle, elles se sentaient l'une et l'autre plus que jamais de penchant.

Sur les deux heures, le comte de Polo se fit annoncer. Depuis plus d'un mois il n'avait vu ses enfans, il n'en avait eu de nouvelles que par son fils Alvarès. En se présentant, ce bon père les serra étroitement contre son cœur, avec cette tendresse qui se signalait jusques dans ses moindres actions. De nouveaux et riches présens vinrent combler de joie Laurence et Palma, qui embrassèrent encore leur père pour le remercier de ses délicates attentions.

Après les premiers instans donnés à ses enfans, le comte de Polo fit son compliment à la Baronne sur le choix de sa nouvelle demeure; il désira voir

en détail cette habitation ; on le pro-
mena partout. L'appartement de ses
filles fixa particulièrement son attention, il fut charmé de sa position,
et surtout du bon air qu'on y res-
pirait. Il se rendit ensuite dans le
jardin , toujours accompagné de madame Luober, de Palma et de Laurence.
Après quelques tours d'allées, il s'arrêta
devant un berceau composé de mille
fleurs différentes, devant lequel se
trouvait une volière où plus de deux
cents petits esclaves formaient un
joyeux concert. La Baronne invita le
Comte à pénétrer sous le berceau, au
milieu duquel elle avait eu soin de
faire dresser une table où se trouvait
un riche plateau garni de quantités de
rafraîchissemens délicats. Le comte de
Polo lui sut bon gré de cette galanterie,

attendu que la chaleur était excessive.
Assis sous ce joli couvert entre Palma
et Laurence, qui l'accablaient de tendres caresses, le Comte se reposa quelques instans en faisant, en galant che-
valier, les honneurs de la petite colla-
tion.

Le comte de Polo, après plus de
deux heures de visite, prit congé de
ses filles et de la Baronne, à laquelle il
recommanda en particulier de tenir la
main aux diverses leçons que recevaient
ses enfans pour achever leur éducation,
et surtout de les laisser libres quant à
leur religion, qu'il prétendait qu'elles
fissent toujours avec soin. Madame
Luober l'assura que sa volonté serait
respectée; qu'à cet égard, il pouvait
s'en rapporter à elle, qu'il ne devait
avoir aucune crainte sur ce dernier

article. Et l'on se sépara, en se prodi-
guant de part et d'autre les marques
de la plus sincère affection.

2*

CHAPITRE XXIX.

Partagée entre trois sentimens bien différens, l'exercice d'une religion qu'elle veut embrasser, le respect qu'elle doit au meilleur des pères, et la passion qu'elle ressent pour le ministre Ulvic, Palma voudrait pouvoir écarter ses tourmens; elle gémit, elle redoute même les consolations qu'on pourrait donner à ses chagrins, qui ne font que s'accroître tous les jours; son esprit flotte dans une mer d'incertitudes, sa passion l'épouvante pour l'avenir; mais comment y renoncer, elle aime, l'on ne peut commander à son cœur; il faut avoir une force plus qu'humaine pour résister à l'amour, et surtout à l'âge de Palma. Pourra-t-elle trahir davantage la volonté d'un père, se jouer de la piété filiale? doit-elle cesser de rougir à ses propres yeux?

Sa religion ne l'occupe pas moins. Palma veut y revenir, une puissance surnaturelle l'entraîne vers le protestantisme; l'exemple de ses jeunes compagnes, leur dévotion sincère, leurs chants simples et religieux auxquels elle unit sans y penser sa touchante voix, ébranlent son âme, diminuent peu à peu ses scrupules, exaltent son imagination, et la portent insensiblement au changement de sa raison de-

vrait repousser. Enfin le livre de l'élo-
quent *Claude* (1), tombe sous sa main;
son œil s'arrête sur un sermon qui
doit l'éclairer sur la foi, elle dévore
la page. » La foi, lui dit ce célèbre Ministre, est la robe de noce avec laquelle
nous devons entrer dans la salle du fes-
tin, mais non, la foi quelle qu'elle puisse
être; elle doit avoir six qualités, la
pureté, la chasteté, la sincérité, la vie,
l'efficacité et la perfection. La foi doit
avoir de la pureté par égard aux dogmes
qu'elle embrasse, de la chasteté rela-
tivement au culte qu'elle pratique, de
la sincérité quant à la persuasion de
l'esprit qu'elle doit produire, de la vie
dans la régénération du cœur qui la

_____

(1) Jean-Claude, ministre protestant, naquit à
Sauvetat, en 1619.

doit accompagner, de l'éfficacité par
les bonnes œuvres, de la perfection par
égard à ces mêmes bonnes œuvres; il
faut qu'elle soit pure par opposition
aux hérésies qui en sont la corruption,
chaste par opposition aux superstitions,
sincère par opposition à l'hypocrisie
qui fait semblant de croire et qui en
effet ne croit rien. La foi sera parfaite
si elle rejette les fausses doctrines que
le caprice ou l'artifice des hommes a
inventées pour altérer la religion. »

Cette lecture a fini de la persuader,
elle s'examine, et dès cet instant l'erreur
de Palma est fixée; elle jure à la face
du ciel, que désormais elle n'aura plus
d'autre croyance que celle de son amant.
Laurence, par faiblesse et par con-
descendance, est entraînée par sa sœur;
et c'est dès ce moment que to utes deux

elles vont se disposer à l'abjuration.

Amie de l'intrigue, madame Luober ne trouve pas que c'est assez avoir fait, que d'être venue à bout de circonvenir Palma et Laurence, d'avoir fait de belles protestations à leur père, pour le tromper et surprendre sa bonne foi; elle veut encore, par un excès de zèle, prouver à son ami Ulvic, combien elle est ardente calviniste, et quel bonheur ce sera pour elle de faire deux prosélytes à sa croyance.

Un soir que la Baronne lui parlait de ses projets de fortune, le Ministre lui avoua qu'il désespérait un peu de réussir, quelles que fussent les impressions qu'il fît sur Palma. « Détrompez-vous, mon ami, lui dit l'adroite Baronne, c'est au moment où vous vous livrez à l'idée de perdre votre proie que mon

imagination active travaille pour vous
en rendre maître. Ecoutez-moi donc;
mais, avant tout, suivez-moi dans le
parc, et là, je pourrai vous faire part
de ce que j'ai résolu. »

Ils gagnèrent le parc, où, sous le
feuillage de quelques ormes, la baronne de Luober tint au ministre ce
langage, qui devait conjurer l'orage
sur la tête de l'infortunée Palma.

« En obtenant du capitaine-général
de Genève la permission de faire construire un oratoire dans ma maison, je
n'avais pas d'abord songé que je pou-
vais loger chez moi un ministre pour
le desservir; j'avais, d'un autre côté,
quelques ménagemens à garder; mais
aujourd'hui mes doutes et mes scrupules sont bannis. M. le capitaine-général, qui a entendu dire toute sorte

de bien de vous et de vos sermons, m'a engagée à vous choisir de préférence. Ainsi, sa volonté se trouvant d'accord avec le bien que je vous veux, je vous offre ce joli pavillon que vous voyez à quatre pas de nous; toutes les commodités de la vie s'y trouvent réunies. Une fois installé, rien ne s'opposera plus aux progrès de notre entreprise. Palma, grâce à votre éloquence, sera protestante; et, avec le temps et les circonstances que nous mettrons à profit, j'espère bien qu'elle sera Mme Ulvic. »

Le ministre, transporté de joie, ne savait comment remercier celle qui voulait faire tant de choses pour lui; il ne trouvait pas de termes assez forts pour lui peindre sa reconnaissance.

Le ministre quitta Mme Luober, qui l'engagea à ne point différer son ins-

tation chez elle; elle exigea même
que le lendemain les mesures d'Ulvie
fussent prises pour cela.

Est-il possible de concevoir que par
amitié, et par excès de zèle pour sa religion, une femme pût oser machiner
un complot aussi perfide, contre une
innocente créature confiée à sa garde?
Non, l'enfer ne vomit jamais de plus
hideuse furie!

CHAPITRE XXX.

Dès le lendemain, le ministre Ulvic fit apporter ses effets et ses papiers dans la maison de la baronne de Luober. Ce ne fut qu'au déjeûner que les cinq jeunes personnes surent qu'Ulvic était commensal de la maison où il devait faire sa résidence. Les nièces en eurent beaucoup de joie : il n'en fut pas de même de Laurence et de Palma; cette dernière surtout aimait Ulvic, mais elle redoutait de s'en voir si près :

un pressentiment secret semblait lui annoncer ses malheurs.

Une circonstance inattendue sembla les accélérer. Le comte de Polo se présenta, quelques jours après la venue du ministre Ulvic, chez Mme Luober. Le consul-général venait de recevoir de son gouvernement l'ordre positif de se rendre à Madrid en toute diligence. La lettre était signée de la main du roi : il fallait obéir. Il venait prendre congé de ses filles, auxquelles il annonça que ses affaires le rappelant à Genève dans peu de mois, il avait formé le projet de n'emmener avec lui que son fils Alvarès. Palma et Laurence versèrent un torrent de larmes, et voulaient absolument accompagner leur père, qu'elles n'avaient jamais quitté.

Elles trouvèrent que ce délai de cinq à six mois, durant lequel elles seraient privées de le voir, était un siècle de tourmens. Alvarès, qui accompagnait son père, les rassura en leur promettant de leur écrire tous les dix jours; le Comte jura d'en faire autant, et cet espoir sembla calmer un peu les chagrins des deux sœurs.

Le Comte fit présent à ses filles de deux bourses pleines d'or pour leur toilette, et satisfaire à de petites fantaisies. Il arrêta de suite ses comptes avec Mme la baronne de Luober, présente à cette entrevue; et paya pour un an la pension de Palma et de Laurence. Quand cette affaire fut terminée, il prit la main de Mme Luober, et, d'un ton plein de bonté, lui dit : « Madame,

on m'a vanté vos vertus et votre probité, et j'ai placé en vous toute ma
confiance : jusqu'alors rien ne l'a dé-
mentie ; c'est pourquoi je veux encore
l'étendre en laissant à votre unique
surveillance mes deux filles. Songez,
madame, que l'espérance de leur père,
leur jeunesse demeurent sous votre
garde. Je suis forcé de repasser en Espagne ; mais, heureux de revoir mes
enfans, de vous prouver ma sincère
reconnaissance, je hâterai mon retour
près d'elles et de vous. Servez-leur
donc de mère ; inspirez-leur vos principes : surtout qu'elles ne soient point
gênées dans l'exercice de leur religion.
Je vous sais une zélée calviniste, mais
incapable d'employer aucun moyen qui
pût séduire leur foi. » Ici la Baronne

ne put s'empêcher de détourner son visage, le Comte n'aperçut point la rougeur qui le couvrait. Palma feignit de relever quelques bouts de rubans épars sur le parquet; et Laurence courut ouvrir une croisée, sous le prétexte qu'il faisait chaud dans l'appartement. Cependant, bientôt remise, la Baronne assura le comte de Polo qu'elle se ferait un plaisir autant qu'un devoir de respecter sa volonté, et finit par le supplier de ne pas lui faire injure, en partant avec quelques craintes sur l'article de la religion.— C'est ainsi que cette femme artificieuse cherchait à tranquilliser la conscience d'un *père*, à l'instant même où *elle* travaillait à pervertir celle de ses enfans!

Le Comte ajouta, en se retournant

vers ses filles, qui s'étaient peu à peu rapprochées de lui : « Mes enfans, n'oubliez pas qu'un chrétien ne se laisse ni emporter par les mauvais exemples, ni séduire par les pernicieux conseils ; il est toujours ferme dans son devoir, dans le flux et reflux des choses de la terre ; et pendant que tout change, que tout passe, il se tient fortement attaché à sa croyance. L'adversité, comme l'opulence, ne changent rien en lui : il ne règle point sa conduite sur l'estime des hommes, mais seulement sur l'approbation du Créateur. »

Palma voulut répondre à son père, et balbutia quelques mots ; mais l'adroite Baronne l'interrompit, pour assurer le Comte que cette exhortation éloquente était absolument inutile dans

la disposition d'esprit où se trouvaient
ses enfans. Palma et Laurence ne pu-
rent s'empêcher de rougir de l'effron-
terie avec laquelle Mme Luober trom-
pait le Comte.

Sur l'avis de la Baronne, le ministre
Ulvic avait eu soin de ne point se montrer; il se rappelait d'ailleurs la leçon
que lui avait faite sa digne amie lors
de la dernière visite du comte de
Polo.

Les adieux du père furent pénibles;
Alvarès, plus ferme, ne versa point de
pleurs, l'espérance de revoir ses sœurs
le soutenait. Quant à Palma et Laurence, on fut obligé de les arracher à
cette scène déchirante; Mme Luober
elle-même ne put y résister, elle alla
s'enfermer dans son appartement, et

ordonna que l'on fit mettre au lit les
deux Espagnoles, et qu'on leur pro-
diguât tous les soins que leur état pa-
raissait exiger.

CHAPITRE XXXI.

Rien ne peut rendre le bonheur d'Ulvic; tous les jours il voit Palma, il ne la quitte plus, il assiste aux diverses leçons qu'elle prend, il les partage, il l'aide dans ses travaux, il dessine des paysages avec elle, il fait de la musique avec sa maîtresse; sa voix se mêle à celle de son amie; sa main rencontre la sienne, il ose la presser, la porter sur son cœur, qui ne cesse de battre. Palma, enivrée, tout en voulant éviter le piége que lui tend sa passion, s'y laisse prendre; l'amour la conduit par-

tout où elle croit rencontrer son amant ;
ses pas se dirigent comme malgré elle
vers le parc ; son œil timide mesure la
hauteur de la croisée d'Ulvic ; l'aurore
la surprend au parc, et la reine des
nuits souvent éclaire ses démarches
imprudentes. Ulvic l'observe....Fondra-
t-il sur sa proie? non, il est trop adroit
pour faire une fausse démarche ; il atten-
dra une circonstance qui le mette à
même de pouvoir rejeter un jour sa
faute sur Palma ; il veut la perdre, mais
il veut sauver les apparences de son
côté. Le ministre Ulvic est un libertin
consommé ; il sait par expérience comme on déshonore une femme, comme
on trompe un ami, comme on dupe
un créancier ; il connaît tous les moyens
de réveiller et d'enflammer les passions ; il a étudié cette vaste scène du

monde, où l'homme adroit est admiré,
le fripon heureux estimé ; il y a vu
triompher cent fois l'injustice, l'ambition, l'intempérance : il sait mieux
que personne que c'est là qu'on en-
seigne, parmi certaine classe d'hommes, qu'il y a de la faiblesse à pardonner les injures, et de la grandeur
d'âme à se venger ; c'est encore là qu'il
a vu la vertu méprisée quand elle est
dans l'indigence, et le crime conduire
aux emplois, à la fortune, à la volupté ;
c'est dans ce monde éternel qu'Ulric a
appris que la sagesse consiste à se faire
valoir, et à s'élever par tous les moyens,
bons ou mauvais, au-dessus des autres
sur ce théâtre si grand. Il a entendu
dire et répéter cent fois, que le bonheur véritable de l'homme consiste
à jouir des biens présens et sensi-

bles, sans s'inquiéter pour l'avenir.

Avec tant d'expérience, le ministre n'était point en peine pour séduire sa victime, mais il voulait qu'elle-même vînt se livrer à ses coups. Tous les jours il informait la baronne de Luober des démarches de Palma, et des résistances feintes qu'il lui opposait. La Baronne le blâmait de ses lenteurs, et l'engageait à accélérer la défaite de la belle Espagnole. De son côté, cette mégère, quand elle en trouvait l'occasion, qu'elle faisait à la vérité naître lorsqu'elle le jugeait à propos, faisait de la morale à Palma, et la menaçait d'écrire à son père. Ensuite elle lui rappelait le respect que se doit une femme, les convenances qu'elle doit observer, le décorum que son sexe lui commande de garder. Ensuite elle convenait que le ministre

Ulvic était un charmant cavalier, qu'une femme serait fort heureuse d'être son épouse; mais elle ajoutait que ce n'était pas une raison pour lui faire trop voir qu'il est digne de fixer un cœur. « Ce n'est pas que je blâme votre amour pour notre bon ami *Ulvic*, disait cette femme, mais je vous engage, pour moi-même, à ne lui jamais donner occasion de s'en apercevoir. Les hommes sont dangereux plus que vous ne le croyez : moins on va au-devant de leurs hommages, et plus ils se montrent empressés de nous les prodiguer. »

Pendant tout ce beau raisonnement, Palma gardait un morne silence; plus la Baronne lui faisait de morale, moins elle se sentait disposée à s'y rendre. Chez elle, l'amour était devenu plus fort que la raison; elle se trouvait dans une disposition d'esprit à faire toute sorte d'extravagances. C'eût été en vain qu'on eût essayé de l'empêcher de courir à sa perte. Les entretiens d'Ulvic dans le particulier, ses discours au pied des autels, étaient autant de traits qui touchaient le cœur de l'amoureuse Palma, qui l'embrasaient de mille feux.

Toujours poussé par la Baronne, le ministre Ulvic se décida à porter le grand coup à sa victime. Il rêva long-temps au moyen qu'il emploierait, lorsqu'un accident vint le servir au-delà de ses espérances.

Entièrement occupée du dessin, dans lequel elle excellait, Laurence, depuis plusieurs mois, s'occupait du portrait de la Baronne; à son insu, elle l'avait

achevé, et le jour était choisi pour le
placer dans le salon de société avant
l'arrivée de la compagnie.

Le ministre Ulvic était dans la confidence, il avait même suivi ce travail
et donné ses idées pour la pose. C'était
lui qui devait placer ce portrait, dont
chacun admirait la ressemblance et le
fini.

L'instant de placer le tableau arrivé,
une fille de la maison dressa une
échelle double, et pendant que madame Luober se promenait au jardin avec
sa plus jeune nièce, qui lui faisait ex-
pliquer les noms de certaines fleurs,
Ulvic fixa le portrait dans l'endroit le
plus apparent du salon; mais en des-
cendant de l'échelle il posa le pied à
faux, la fit tourner sur lui, et alla don-

sur de la tête sur le dos d'un canapé,
et l'un de ses pieds embarrassé dans les
échelons, fut foulé.

Le ministre poussa un cri qui reten-
tit jusqu'au fond du cœur de la sensible Palma. La vue du sang qui coulait
sur le front d'Ulric pensa la faire éva-
nouir de douleur; son empressement
un peu trop marqué, allait infaillible-
ment livrer son secret à toutes les personnes présentes, si la Baronne, que
Laurence avait été chercher, ne fût venue elle-même prodiguer à son ami
les premiers secours qu'exigeait son
état.

Lorsque les blessures furent pansées,
madame Luober, accompagnée d'une
suivante, reconduisit Ulric à sa maison
de ***, où il passa une assez mauvaise

nuit. Le lendemain, la Baronne invita ses nièces et les deux Espagnoles à l'accompagner au parc. Palma, comme on peut le croire, ne fut pas la moins empressée à s'y rendre.

On trouva Ulvic beaucoup mieux, la fièvre avait cessé; mais le chirurgien, qu'on avait fait demander, et qui venait d'arriver, ordonna le repos à son malade, et exigea même qu'il gardât le lit quelques jours à cause de la foulure, et se retira en assurant qu'il n'y avait aucun danger à craindre pour le ministre.

Il fut convenu entre les dames que l'on viendrait d'heure en heure visiter Ulvic, qui, dans les termes les plus obligeans, les remercia de leur généreuse attention; son regard qui se

promenait sur l'assemblée, s'arrêta sur
Palma qui l'interpréta selon son cœur.

On suivit exactement la promesse
que l'on venait de faire au ministre, et
pendant plus de quinze jours son lit
fut entouré de la tante, des trois nièces,
ainsi que de Laurence et Palma. Laurence était inconsolable de l'accident
survenu à Ulvic; elle en était la cause
involontaire ; mais pour réparer ce
qu'elle appelait sa faute, elle engageait
sa sœur à tous les instans du jour à visiter le ministre, et Palma n'était que
trop portée à suivre les conseils de
Laurence.

Ce fut dans ces momens qu'Ulvic
acheva de faire des deux Espagnoles
des protestantes zélées, tant ses discours
étaient persuasifs; la force des raison-

nemens de cet homme était telle , que
l'âme la plus ferme était toujours obli-
gée de céder à l'impulsion qu'elle en
recevait.

Un matin que Palma et Laurence
étaient venues savoir des nouvelles du
blessé, qui déjà marchait à l'aide d'une
canne, leur intention étant de passer
quelques heures près du ministre, elles
avaient eu soin de se munir d'ouvrage;
Laurence avait apporté son carton à
dessin, et Palma son sac à ouvrage.
Ulvic, après les avoir affectueusement
remerciées de leur charmante visite,
examina les fleurs d'un voile que bro-
dait Palma, puis passant à Laurence,
il regarda un fort joli paysage auquel
il crut reconnaître un défaut; pour le
faire disparaître il demanda un crayon

Laurence, qui, ne le trouvant pas, s'excusa sur son étourderie, et sortit pour aller le chercher au salon d'étude, où elle croyait l'avoir oublié; mais lorsqu'elle fut là, elle y trouva madame la Baronne, qui la pria de venir écrire une lettre sous sa dictée. Laurence, qui avait plusieurs fois rendu ce service à Mᵐᵉ Luober, n'osa pas refuser et la suivit à son cabinet.

Pendant que la jeune Espagnole était occupée à écrire une lettre qui devait être fort longue, car cette femme artificieuse savait Palma en tête-à-tête avec Elvic, celui-ci mettait les momens à profit; il était tombé aux pieds de Palma, il lui renouvelait ses sermens d'amour; peu à peu l'adroit ministre l'avait attirée sur ses genoux; il la pres-

sait tendrement contre son cœur... La
malheureuse Palma, enivrée par son
funeste amour, ne sait plus opposer
à son amant indigne qu'une faible résistance: respect dû au meilleur des
pères, avis d'une tendre sœur, conseils
de la Baronne, vertu, devoir, honneur,
ne sont plus pour elle qu'un songe qui
échappe à son esprit exalté. Son joli
bras à demi-nu enlace déjà le col d'Ulvic, une de ses mains presse amoureu-
sement celle du ministre; bientôt les
haleines se confondent, de voluptueux
soupirs s'échappent de leur poitrine,
un feu brûlant vient incendier leurs
cœurs, des mots sans suite, entrecou-
pés et vides de sens, peignent le délire
le plus complet, l'abandon le plus
tendre; les lèvres se touchent, cent

baisers sont donnés et rendus, les bras rapprochent les corps... La vertu est souillée, l'innocence est flétrie... Elle a cessé d'exister pour Palma.. Le crime a triomphé!

CHAPITRE XXXII.

Palma venait de franchir la barrière
du devoir, aucune raison ne devait
plus l'arrêter ; elle n'avait pas craint le
déshonneur, elle ne devait pas craindre
de combler la mesure. Un premier
égarement est presque toujours la suite
de mille écarts. Ulvic au comble du
bonheur, sourit au crime ; il aimait
Palma moins par amour que par ambition, et sa passion, d'après cela, devait augmenter ou diminuer en raison
de ses espérances. Quant à Palma, elle

aimait le ministre de bonne foi, et la plus grande preuve qu'elle pût en donner, c'était sans contredit le sacrifice de ses devoirs les plus sacrés, et celui qu'elle était encore prête à faire de la religion de ses pères.

Cependant cette intrigue secrète durait depuis plus d'un mois, lorsque Palma s'aperçut de quelque changement dans sa personne. Elle en fit part au ministre Ulvic, auquel cette nouvelle causa la plus vive joie. Rien ne peut rendre ses transports ; il regardait, pour ainsi dire, sa fortune comme assurée ; *il calculait* déjà que le comte de Polo qui avait un grand fond de religion, ne pourrait d'après ses principes lui refuser la main de sa fille afin de légitimer la naissance d'un enfant dont elle serait un jour mère. Bercé de cette folle espérance, Ulvic fit part le même soir à la baronne de Luober de la confidence que venait de lui faire sa maîtresse, dont la situation d'esprit n'était pas à beaucoup près aussi heureuse que celle du ministre. Elle commençait à sentir l'énormité de sa faute; elle eût bien voulu pouvoir faire un pas rétrograde; mais la chose était moralement impossible, il fallait subir l'arrêt du destin. Un témoin pourtant, devait la marquer du sceau de la réprobation paternelle, du mépris public; déjà la honte du passé amenait dans son âme les cuisantes peines du remords, l'avenir se peignait à ses yeux sous les plus funestes couleurs, elle prit un fond de chagrin qu'en vain Ulvic et Mme Luober voulurent calmer

Laurence qui la voit triste et languis-
sante et qui ignore son malheur, ne
fait que la plaindre et lui prodiguer
ses tendres soins.

Chaque jour l'embarras de Palma
augmente, il arrive enfin une époque
où elle ne peut plus douter qu'elle est
mère, ses chagrins qui l'attristaient
alors la dévorent, la déchirent ; le ministre toujours passionné , toujours
ambitieux, cherche tous les moyens
d'alléger la souffrance et les inquié-
tudes de son amante. Dans un de ces
instans d'abandon où le cœur est fa-
vorablement disposé à recevoir toujours les impressions, il lui fait entendre que le seul moyen de réparer
aux yeux de Dieu et des hommes les
égaremens dont ils sont coupables,
c'est de légitimer la naissance de l'en-

fant qu'elle porte dans son sein par un mariage légal ; mais qu'il ne peut avoir lieu, qu'autant qu'elle abjurera la religion catholique-romaine, pour entrer dans la communion de Calvin ; qu'à cette condition, il est prêt à l'épouser.

Palma, comme on sait, n'est que trop disposée à suivre les conseils de son amant dont elle ne pénètre pas les raisons qui le font agir ; mais prête à céder, un sentiment secret l'arrête, la retient encore, elle est cependant bien convaincue que la religion protestante vaut mieux que la sienne ; du moins, c'est le perfide Ulvic qui l'en a persuadée. L'anxiété de la pauvre fille est au comble ; sa santé bonne jusqu'alors, commence à s'altérer ; l'éclat de son teint ne brille plus des roses de la jeunesse, les couleurs virginales ont disparu de ses joues; son œil toujours si vif, est morne et ne roule plus que languissamment dans son orbite; son embonpoint diminue, elle devient souffrante au point de perdre ses forces; enfin, Palma succombe, et bientôt la maladie la plus grave la met au bord du tombeau.

C'est dans cette circonstance alarmante, que la bonne Laurence ne l'abandonna plus. La nuit, elle veille au pied du lit de la malade; le jour, elle redouble de zèle et d'attention, elle invoque les secours du ciel; les larmes de l'amitié coulent sur le sein de sa sœur. Cependant, les soins du médecin appelé, la force de la jeunesse finissent par l'emporter sur le mal, et en moins d'un mois Palma est convalescente.

Mais qu'on se peigne l'étonnement
de Laurence et la douleur que cette
excellente fille éprouve, lorsqu'en soi-
gnant Palma le plus cruel délire l'a
rendue maîtresse du secret de sa sœur
et d'Ulvic; elle n'ignore plus ce que le
repentir voulait *taire*, ce que la honte
voulait dérober à tous les yeux. Laurence enfin, sait que sa malheureuse
sœur est mère, et que celui qui l'a séduite ne pourra être son époux, attendu que la fierté du Comte son père
ne voudra jamais céder à l'empire des
circonstances, aux vœux indiscrets et
coupables du ministre Ulvic.

La convalescence de Palma est encore prolongée par les peines morales
qu'elle ressent. Laurence, à laquelle elle
ne peut plus dissimuler sa position, la
console et lui promet le secret le plus

inviolable, mais elle exige qu'elle éloigne le ministre qu'elle ne peut se défendre de regarder comme le seul coupable. Jusques-là, aucun soupçon ne
plane sur la Baronne, cependant bien
coupable dans cette affaire, puisqu'elle
a, comme on l'a vu, prêté indignement
les mains à la perte de Palma; mais la
confiance des deux jeunes Espagnoles
en cette infâme créature est telle, que
Laurence engage sa sœur à lui faire
part de son état.

Le ministre, qui ne manque pas de
tact, n'est pas long-temps à s'apercevoir
à la froideur qu'elle lui marque, combien Laurence peut nuire à ses projets;
il sait l'influence qu'elle a sur l'esprit
de Palma, qu'il veut achever de circonvenir pour arriver à ses fins. Dans cette
circonstance, Mme Luober lui prête en-

core sa criminelle assistance. Sous différens prétextes elle tient Laurence
éloignée de sa sœur, à laquelle, prétend
cette méchante femme, il faut du repos
et beaucoup de ménagement. Laurence
s'éloigne donc à regret de Palma, mais
sans méfiance. C'est alors que le ministre s'empare entièrement de l'esprit
de son amante. Affaiblie par une longue et douloureuse maladie, pressée
par Ulvic qu'elle aime, Palma arrive
au point, qu'à un jour marqué pour
la cérémonie, où Laurence et les trois
nièces de la Baronne seront à se pro-
mener sur le lac, elle abjure la foi de
ses pères au pied de la chaire de Calvin, devant une vingtaine de personnes
invitées, qui tour-à-tour viennent lui
faire leurs félicitations.

Dans cette circonstance délicate, la

perfide Baronne n'oublie pas son rôle,
elle n'en est que trop bien pénétrée;
elle sait que Palma a toute confiance
en elle; elle en profite pour la persuader par tous les raisonnemens extra-
vagans que lui suggère son imagination, que son apostasie est l'œuvre du
Seigneur qui l'a guidée, qui l'a conduite à cette pieuse action.

CHAPITRE XXXIII,

Les précautions qu'on a prises laissent ignorer à Laurence, ainsi qu'aux autres personnes de la maison, l'abjuration de Palma : c'est un mystère entre elle, Ulvic, la Baronne, et quelques amis dévoués.

C'est au moment où l'on se croit dans la plus parfaite sécurité qu'un orage se prépare. Le retour du comte de Polo en est le signal. Une lettre de sa main annonce que dans trois jours *il* sera à Genève, dans *les* bras de ses enfans. A cette nouvelle inattendue, Palma est effrayée, son chagrin redouble; mais ce n'est plus l'instant de reculer, il faudra faire face à l'orage. A cet effet, Ulvic dispose sa maîtresse; il fait jouer tous les ressorts qu'il croit nécessaires pour rassurer Palma; il lui rappelle son amour, l'enfant qu'elle porte dans son sein, le serment solennel qu'elle a fait aux pieds de la chaire. Un dernier effort triomphe de la crainte, Palma ne doit plus *rien écouter que* sa volonté; elle est majeure : comme si le nombre des années pouvait moralement affranchir un enfant du respect qu'il doit à l'auteur de ses jours! Ce ne sera plus cette fille, autrefois soumise et tendre; Palma va faire parler ses droits, et désespérer le meilleur des pères.

La baronne de Luober, toujours prudente et guidée par un esprit d'intérêt pour le ministre Ulvic, le fait disparaître sans bruit de sa maison; elle a senti qu'il serait inconvenant que le Comte le trouvât installé au milieu d'une réunion de femmes. Palma doit être seule livrée aux reproches de son père. Déjà elle est disposée, par les conseils du Ministre, à lui opposer une longue et vigoureuse résistance, dans le cas où il voudrait contrarier sa conversion.

Le comte de Polo arrive le troisième jour. Ainsi qu'il l'a écrit, il ne veut goûter aucun repos qu'avant tout il n'ait revu et embrassé ses enfans. La voiture qui l'a amené, au lieu de le déposer directement à son hôtel, le conduit à la maison de Mme Luober : Alvarès l'accompagne; ce bon frère n'éprouve pas moins d'impatience que son père. Enfin la porte s'ouvre, la voiture entre, et la tendresse paternelle le précipite dans les bras de ses deux filles. Quelle joie! quel transport ne fait-il pas éclater! Ses larmes coulent; ce sont celles du bonheur! Hélas! ce sera pour la dernière fois qu'elles mouilleront ses yeux!

Palma et Laurence ne montrent pas moins d'empressement que le Comte et Alvarès. Questions et réponses sont faites en même temps. Mme Luober affecte de paraître satisfaite du retour du Comte et de son fils. Le consul ne trouve pas d'expressions pour la remercier dignement, selon lui, de ses bontés pour sa famille : il la comble de présens, dans un instant il va la maudire; il connaîtra quel honteux abus cette femme a fait de sa confiance; de quelle manière, pendant son absence, elle a trompé sa bonne foi.

Le Comte, en contemplant ses enfans, trouve une altération sensible dans les traits de Palma. Mme Luober alors s'empresse de le rassurer, en lui disant que sa fille a été dangereusement malade; mais que, grâces aux bons soins de son médecin, elle est hors de danger.

Le comte de *Polo* embrasse Palma et Laurence, en leur promettant de revenir le lendemain matin, et, sans façon, il s'invite à déjeûner; ce qui paraît beaucoup flatter la Baronne, mais ce qui, dans le fond, la contrarie. Elle redoute le moment où Palma doit annoncer à son père qu'elle n'est plus catholique romaine ; elle sent tous les reproches qu'elle mérite, tout le blâme qu'elle s'est attirée par sa trop facile complaisance pour le ministre Ulvic.

Le lendemain, le comte de Polo se présente chez la Baronne : le déjeûner est servi. Le repas est assez gai ; le plaisir brille dans les yeux de l'excellent père, qui, après une longue absence, se retrouve *en famille ; il lui* semble qu'il n'a jamais quitté ses enfans. Laurence partage franchement sa joie ; Palma feint de l'éprouver. L'instant de la crise approche, elle en craint les suites, son inquiétude est au comble ; cependant, ferme dans son système, elle s'arme de courage, rappelle ses esprits, que la venue de son père a un peu mis en désordre : un regard de la Baronne achève de la rassurer.

Le déjeûner fini, on passe dans le salon d'étude : là, le Comte admire les progrès que Laurence a faits dans le dessin. Palma s'approche de la harpe, qu'elle cultive avec succès; fait entendre à son père les plus touchans accords et les passages les plus difficiles. Les trois nièces de Mme Luober se joignent aux deux Espagnoles, et, devant le Comte, chacune d'elles fait preuve de talent. Enchanté, le consul se plaît à prodiguer des louanges méritées; mais la conversation prend bientôt un autre tour, et, d'une chose à l'autre, on arrive à l'article des religions. Ici Laurence baisse les yeux, et ne répond point à une question que lui fait son père. Palma est plus assurée; elle avoue, sans détour et d'une voix ferme, que depuis un mois elle a volontairement renoncé à la religion catholique pour embrasser celle de Calvin, dont elle reconnaît la supériorité. Elle finit par assurer le Comte que désormais rien ne pourra ébranler sa nouvelle croyance.

Qu'on se représente ce que dut éprouver le comte de Polo à cette étrange nouvelle! Il doutait encore si c'était bien sa fille qui venait de lui tenir ce langage. Quelques paroles ajoutées par Palma achevèrent de confirmer son doute. « Pendant mon absence, se disait-il, on a donc surpris ma confiance, séduit ma famille! » L'éclat de la foudre est moins vif que sa colère, son regard est étincelant; il veut parler, mais inutilement, tant la rage le suffoque. Tout-à-coup son état change, la violence fait place à l'indignation ; il se retourne vers la Baronne et l'apostrophe ainsi : « Est-ce là, madame, lui dit-il, ce que je devais attendre de la bonne réputation dont vous jouissez dans cette ville ; est-ce là ce que vous m'aviez promis ? Quoi ! vous avez osé, au mépris de mes ordres, circonvenir mes enfans au point de diriger leur esprit et leur foi vers l'apostasie ! Vous ne rougissez point d'avoir blessé un père dans la partie la plus sensible, en usurpant les droits que la religion et la nature lui donnaient ! Devais-je donc, à mon retour, voir mon cœur déchiré à l'idée seule d'une telle violation ? Sont-ce là les principes que vous deviez leur inculquer ? A quels dogmes nouveaux avez-vous initié mes filles ? Est-ce le résultat honteux d'un calcul intéressé; est-ce le fruit d'une indigne superstition ? »

La Baronne ne s'étonne point de toutes ces questions, elle s'y attendait; et elle répond avec l'assurance d'une personne qui n'a point de reproches à se faire. « Monsieur, dit cette femme au Comte qu'elle a écouté jusqu'au bout, je pourrais répondre beaucoup de choses aux indécentes questions que vous venez de vous permettre : pour l'instant, je me bornerai à vous dire qu'il n'a été ni dans ma puissance, ni dans ma volonté, de m'opposer à des sentimens que Dieu seul peut avoir inspirés. Palma et Laurence pouvaient se livrer sans contrainte au libre exercice de leur culte, puisque jamais je

ne les ai forcées à suivre le protestantisme, auquel elles semblent avoir été
portées par une divine influence. Dans
les temps, j'ai fait à Palma mes observations et de justes remontrances; je
lui permets de me démentir : mais l'empire de la raison l'a emporté sur ma
faible éloquence; et ce n'est pas à moi,
M. le Comte, qu'il convenait de vous
plaindre d'un changement de religion
dans vos enfans. Je me bornerai donc
à cette simple explication, que vous
auriez pu m'éviter; et vous préviens
que s'il vous prenait fantaisie de vouloir me rendre responsable de l'abjuration de Palma, et de la conversion
de Laurence, c'est devant les *tribunaux*
que je vous attends; c'est aux pieds du
trône de la Justice que je vous prou-

verai qu'une faible créature voudrait
vainement s'opposer aux arrêts secrets
du ciel. »

Ce discours, prononcé avec véhé-
mence, interdit un instant le comte de
Polo, et suspendit sa fureur : cependant il veut répliquer; mais la Baronne
se retire dans son appartement, où
elle s'enferme, et laisse le Comte stu-
péfait d'étonnement, la rage et le désespoir dans le cœur.

Demeuré avec ses deux filles, ce
malheureux père fait tout ce qu'il peut
pour les engager à quitter la maison de
Mme Luober; il menace, gronde, supplie; il verse des larmes. Ce dernier
moyen est le seul qui puisse attendrir
ses enfans : il profite du moment; les
saisissant par la main, et aidé d'un ser-

viteur fidèle, il les entraîne jusqu'à sa voiture, et se dirige vers son hôtel, où Alvarès attendait impatiemment son retour.

CHAPITRE XXXIV.

Arrivé chez lui, le comte de Polo, devenu plus calme, réfléchit qu'il ne gagnerait rien à employer la rigueur avec ses filles ; il pense que le plus sage parti est d'attaquer leur raison, et de tâcher de la ramener dans la bonne voie. Il commence donc par leur signifier qu'elles ne retourneront plus chez Mme Luober, contre laquelle il se propose de diriger des poursuites, et la faire punir de l'abus qu'elle avait indignement fait de sa confiance. Ce fut Alvarès qu'il chargea de la rédaction du mémoire, avec ordre de l'adresser sur-le-champ au capitaine-général de Genève.

Palma, qui avait plus d'une raison pour ménager la Baronne, lui fit secrètement tenir un billet, dans lequel elle lui faisait part des intentions du Comte à son égard. Elle profitait de la circonstance pour l'engager à lui donner des nouvelles du ministre Ulvic, et terminait son billet par lui annoncer que son père lui avait signifié, ainsi qu'à Laurence, qu'elles ne retourneraient plus dans sa maison.

La baronne de Luober, prévenue à temps, se rendit de suite chez le gouverneur de Genève, et se plaignit, les larmes aux yeux, du scandale que le consul espagnol venait de faire chez elle. Elle n'oublia pas d'en déduire les raisons au capitaine-général, mais d'une manière qui lui était favorable. Cette femme adroite protesta que le changement opéré dans la foi de Palma et de Laurence, était bien moins l'effet de son zèle que de l'exemple et de la grâce céleste. Le capitaine-général, ardent calviniste, loin de désapprouver la Baronne, pour laquelle il avait d'ailleurs beaucoup de considération et d'estime, la rassura, et lui dit qu'elle n'avait rien à redouter des poursuites du consul espagnol, duquel il saurait bien écarter les réclamations et faire cesser les clameurs : il la congédia, enchantée du bon accueil qu'elle venait de recevoir. Elle se rendit chez elle, où elle trouva Uivic qui l'attendait. La Baronne lui fit part de la scène que le comte de Polo avait fait chez elle, lui montra la lettre de Palma, et lui rendit compte de sa démarche chez le capitaine-général. Ulvic engagea la Baronne à ne pas trop se reposer sur les promesses de cet homme, qu'on lui avait dit être craintif et sans fermeté, et qui tous les jours donnoit des preuves de son peu de caractère dans les affaires de son gouvernement. Il conclut que le meilleur et le plus sûr seroit d'engager Palma à quitter furtivement l'hôtel du consulat, et de revenir secrètement chez elle; il offrit même ses services pour seconder sa maîtresse dans cette fausse démarche. La Baronne trouva ce moyen d'autant meilleur, qu'elle pouvait, par la fuite de Palma, qu'elle proposa au ministre d'enlever, avoir l'occasion de se venger du Comte, auquel son âme vindicative ne pouvait pardonner.

Sur-le-champ Ulric écrivit à Palma, pour l'inviter à se rendre chez la Baronne à l'insu de son père. Il appuyait son conseil du tableau de la tyrannie que le Comte n'allait pas manquer d'exercer contre elle. Il finissait sa lettre par lui rappeler, dans les termes les plus passionnés, leurs projets d'union, leurs amours. Son éloquence perfide triompha encore cette fois du respect et du devoir. Cette lettre fut confiée à une servante de la Baronne, qui avait pour connaissance un domestique de l'hôtel du Comte, et qui la remit secrètement à Palma. Il fut convenu qu'Ulric se trouverait à minuit à quelque distance de l'hôtel du consulat, que Palma en sortirait cachée dans un manteau, et qu'ils se rendraient ensemble chez Mme Luober.

Le Comte tout-à fait calmé et dans une disposition d'esprit capable de raisonner paisiblement, fit venir ses filles dans son cabinet, et leur tint ce discours, où la tendresse, la prudence et la vérité se font remarquer:

« Mes enfans, vous voyez devant vous un père au désespoir, un ami sincère qui ne vous égara jamais. Le titre de père qu'il tient de la nature et du ciel, lui donne sans contredit le droit de vous reprocher votre conduite; mais bien loin de vous traiter avec cette rigueur que semble commander votre inconséquence, il ne veut que vous faire envisager l'énormité de votre faute; il n'emploiera avec vous que les armes de la modération, il ne veut que convaincre votre raison de l'erreur grossière dans laquelle on l'a jetée, en

vous engageant à abandonner la religion sainte de vos aïeux, pour vous faire
entrer dans une communion si loin de
la perfection de la nôtre. » Ici, le comte
de Polo entra dans de longs détails que
nous ne rapporterons pas ; la force de
son éloquence, le ton solennel de sa
voix, pour un instant, subjuguèrent
l'âme des deux Espagnoles ; *il s'en aperçut* et fit un dernier effort pour assurer son triomphe et le retour de ses
enfans à leur religion. « Ah ! mes enfans,
ajouta-t-il avec feu, sachez que notre
existence est une suite d'épreuves et de
combats, que pour les supporter dignement il ne faut jamais se dessaisir
du bouclier de la foi, c'est l'égide qui
doit nous protéger jusqu'à notre dernière heure. Laissez à l'impie les espérances de la terre ; un Brutus, qui voit

ses entreprises pour la liberté de sa république ne pas réussir, peut s'irriter contre la vérité; un courtisan qui voit ses folles espérances trompées, ses prétentions déçues après vingt années de courbettes et de déshonneur, peut mourir de dépit en détestant sa patience et ses soi-disant services; l'ambitieux qui a risqué ses jours sur une mer orageuse et lointaine pour amasser des richesses, et qui vieillit dans l'indigence, peut se repentir de s'être exposé aux dangers; mais le vrai fidèle sait triompher de ses maux comme des séductions que l'on exerce sur sa conscience, sa foi résiste à tout, persiste et le soutient jusqu'à son dernier soupir. D'avance son œil calme et satisfait mesure les cieux et se plaît à contempler la couronne d'immortalité, prix des vertus.

Voilà, mes enfans, le mérite que l'on acquiert dans la pratique de notre croyance et que lâchement vous voulez abandonner, pour vous placer sous la bannière d'une secte que Calvin ici même a deshonorée par son excès de zèle et son esprit d'intolérance que rien ne peut justifier. Ce ministre turbulent, n'écoutant que sa fureur théologique, fit périr son ami (1) dans Genève où son ascendant despotique l'avait rendu si puissant et si redoutable. Il prêchait le pardon des offenses et faisait bannir l'enfant du sol par jalousie, et repaissait ses yeux du bûcher qui

____

(1) Michel Servet, savant médecin espagnol, sur la dénonciation de Calvin, fut arrêté en passant à Genève et brûlé en place publique.

Cette déplorable catastrophe arriva en 1553.

consumait Michel Servet, notre com-
patriote.

» Palma et vous Laurence, croyez-en
ce que je vous dis, rendez-vous à la voix
d'un père qui vous aime, dont le mensonge ne souilla jamais les lèvres. Plus
tard, l'expérience et le repentir vous
prouveront jusqu'à l'évidence que celui
qui n'a pas vraiment l'esprit de son
Dieu, est toujours habile dans l'art de
raisonner. Les sophismes, les artifices,
les écrits obscurs et lancés dans l'om-
bre, voilà ses armes pour attaquer le
faible, voilà les traits qu'il emploie et
qui viennent s'émousser contre la foi,
et se briser devant la saine raison. »

Ce discours fit une grande impression sur Laurence, qui, fondant en
larmes, tomba aux genoux du Comte,
et lui demanda pardon de l'erreur où

elle s'était volontairement jetée. Palma fut moins attendrie, et demanda à son père quelques jours pour réfléchir sur le parti qu'elle devait prendre. Le comte de Polo, quoiqu'intérieurement mécontent, ne se refusa point au desir de sa fille, et lui donna huit jours pour rentrer dans la religion catholique. Il releva Laurence, l'embrassa tendrement, et congédia ses enfans pour se livrer quelques heures aux travaux des affaires de son emploi.

A la chute du jour, Palma pria Laurence de l'aider à se mettre au lit sous prétexte qu'elle se sentait fatiguée et un peu indisposée. Laurence s'empressa de rendre ce service à sa sœur, qui l'engagea de se retirer et de lui envoyer de temps en temps Frank, le valet de ville du Comte, le même qui lui avait remis secrètement la lettre d'Olvic. Laurence qui ne se doutait de rien, donna l'ordre à ce valet de surveiller Palma qui était indisposée, et de ne pas s'éloigner d'elle pour lui prêter assistance. Frank obéit ponctuellement, et vers les sept heures du soir, il se présenta devant Palma, qui le voyant entrer, lui ordonna de fermer la porte, ce qu'il fit. Elle lui dit en lui remettant quelques pièces d'or : Frank, je crois que je puis me reposer sur votre discrétion, la lettre que vous m'avez apportée ce matin, est d'une personne qui m'est bien chère, et que je suis disposée à aller rejoindre ce soir à minuit. A cette heure, vous m'apporterez votre manteau de livrée, je m'en couvrirai; tous deux nous descendrons les degrés de la maison,

Trompé par mon costume et en votre compagnie, le portier ne refusera pas de nous ouvrir, nous sortirons, et à quelques cents pas de cette maison, nous trouverons une personne que je suivrai, et là votre mission sera remplie. Frank aimait trop les aventures pour refuser, et puis, Palma appuyait ses ordres d'une douzaine de ducats; il n'en fallat pas davantage pour le déterminer, et il promit d'être ponctuel.

On ne peut guères décrire l'impatience de Palma pendant les cinq heures d'attente qui précédèrent sa fuite de chez son père; l'heure enfin sonna, Frank se présenta couvert d'un manteau et un autre sur le bras avec un chapeau galonné. Palma jeta le manteau sur ses épaules, s'en enveloppa bien, et, le chapeau sur ses yeux, elle descendit l'escalier avec rapidité. Arrivés à la porte, Frank qui la suivait, pria le portier de lui ouvrir la porte basse, ce qu'il fit en tirant le cordon du fond de sa loge, où il était à moitié endormi.

Lorsque Palma fut dans la rue, elle s'achemina vers le lieu du rendez-vous où Ulvic l'attendait ; aussitôt qu'elle l'eût reconnu, elle courut à lui, lui parla bas, et revint auprès de Frank, auquel elle rendit le chapeau et le manteau de livrée, en le remerciant à voix basse de sa complaisance et en lui promettant de l'en bien récompenser.

Appuyée sur le bras d'Ulvic, Palma traversa à pied une partie de la ville de Genève. Après une demi-heure de marche, ils arrivèrent à la maison de

Mme Luober qui les attendait. La vue
de la jeune Espagnole la remplit de
joie : c'était pour elle une première
victoire que sa vengeance remportait
sur le comte de Polo.

CHAPITRE XXXV.

Jusques-là Palma était venue à bout de dissimuler sa grossesse; mais elle arrivait sensiblement à sa fin, et il ne lui était plus possible de la cacher : or sa fuite, sous ce rapport, devenait presque indispensable. Cachée chez la Baronne, elle pouvait, avec quelques précautions, éviter à son malheureux père ce dernier coup, non moins terrible pour lui que le premier, qui venait de donner de si violentes secousses à son cœur.

Ce ne fut que le matin que l'on s'aperqut de l'évasion de Palma. Tous les gens de l'hôtel furent interrogés ; personne ne put satisfaire aux diverses questions du Comte, qui ne savait que penser de la démarche de sa fille. Laurence, qu'il croyait dans les intérêts de sa sœur, subit un interrogatoire particulier : mais elle ne put donner à son père aucun indice sur la fuite de Palma ; elle conjecturait seulement que sa sœur, qui avait fait abjuration, n'étant point dans l'intention de revenir aux exercices de la religion catholique, avait bien pu retourner chez Mme Luober. Cette idée frappa le Comte, elle fut pour lui un trait de lumière. Sur-le-champ il envoya un serviteur de confiance chez la Baronne, pour savoir si effectivement Palma était auprès de cette dame. Après une heure d'absence le domestique revint trouver son maître, et lui dit qu'il avait parlé à la Baronne et à Palma ; que cette dernière lui avait ordonné de dire à son père que son intention était de rester chez Mme Luober ; que d'un autre côté rien ne pourrait la déterminer à rentrer dans sa religion, qu'elle avait de fortes raisons pour en agir ainsi ; qu'elle sentait la peine qu'elle faisait au Comte, mais que sa résolution était irrévocablement prise, et que d'ailleurs elle était majeure, et libre par conséquent de sa personne, et de suivre telle religion qu'il lui plairait ; qu'enfin, dans le cas où l'on voudrait employer avec elle la violence, elle saurait bien faire valoir ses droits.

À cette nouvelle, le comte de Polo entra dans une étrange colère ; il fit

venir Alvarès, avec prière de lui apporter le mémoire qu'il lui avait ordonné
de rédiger contre la Baronne. Il l'examina dans tout son contenu, et, après
l'avoir signé, le fit porter au capitaine-
général, avec instance de lui prêter son
appui auprès du sénat de Genève. Le
gouverneur fit une réponse au comte
de Polo, dans laquelle il l'assurait qu'il
se ferait un vrai mérite de le seconder
dans cette affaire, et l'engageait à disposer de ses services et à ne point ménager son dévouement. Cette réponse,
pleine d'artifice, calma un peu le Comte;
cependant, toujours entraîné par son
excessive bonté, il résolut de se rendre
chez la baronne de Luober, avec l'intention de l'engager à ramener Palma
dans la voie du respect et de l'obéis-
sance, de laquelle elle venait de sortir
5*

d'une manière si scandaleuse. A cet
effet, il monta en voiture, et se fit conduire à la maison de la Baronne, où il
se fit annoncer. Mme Lueber était ab-
sente pour l'instant, à ce que lui dirent
quelques domestiques; alors il demanda à voir Palma, et les domestiques l'assurèrent que cette demoiselle
n'était plus chez sa maîtresse. Ces paroles, prononcées d'une manière peu assurée, firent soupçonner au Comte qu'on
voulait lui en imposer, ce qui ralluma
sa colère. Tout-à-coup il écarte ceux
qui l'entourent, il prétend avoir sa
fille, et, sans attendre qu'on le con-
duise à son appartement, il se dispose
à faire une perquisition générale dans
la maison. Il est sourd aux représenta-
tions des domestiques, qui l'assurent
que la Baronne trouvera fort mauvais

qu'on en use si librement chez elle, et
pendant son absence. En un moment
il a visité tous les appartemens; il se
jette dans les jardins, qu'il parcourt à
grands pas : pas un bosquet n'échappe
à ses recherches; les domestiques qui
l'ont suivi le prennent pour un fou et
le laissent aller; il gagne le parc : là, le
son d'une voix de femme suspend sa
marche; il s'approche de l'endroit d'où
part la voix; il écoute et reconnaît celle
de Palma, qui, depuis son retour chez
la Baronne, s'était retirée dans la maison du parc, que le ministre Livio venait de quitter pour aller s'établir mo-
mentanément dans un petit hameau,
tout près des bords du lac, et attendre
en toute sécurité le résultat des poursuites du comte de Polo. Palma, qui
se croit seule, s'occupe en cet instant

de son amant : le ministre Ulvic est
plus que jamais l'unique objet de sa
pensée. Une romance, qu'elle chante
en s'accompagnant de la harpe, apprend
au malheureux père le secret criminel
de sa fille. Assez maître de lui, le Comte
prête toute son attention, et la fin de
ce chant d'amour lui révèle le nom du
séducteur de Palma. Sa surprise ne
peut se figurer. Il ne peut plus douter
du motif qui retient sa fille chez la Baronne. Palma aime; et l'infâme qui a
surpris son cœur, a changé sa foi, détourné sa croyance. Il jure la perte du
misérable ; incapable d'en entendre
davantage, il frappe à la porte. Palma,
qui est loin de penser que son père est
si près d'elle, quitte sa harpe, et vole
ouvrir la porte. Enveloppé dans son
manteau, le comte de Polo se présente

devant sa coupable fille, qui demeure
anéantie d'étonnement. En tremblant,
elle lit la colère sur le front paternel.
Le regard du Comte est fixé sur Palma,
qui ne peut en soutenir la fureur ; elle
veut balbutier quelques mots, se trouble, chancelle, et tombe sans connaissance aux pieds d'un père outragé. A la
vue de sa fille expirante, le cœur du
Comte se désarme, il s'attendrit ; sa
colère fait place à la compassion ; il
s'empresse de relever Palma, et de la
placer sur un sofa, qui se trouve près
de lui. Mais que devient cet excellent
père, lorsqu'en cherchant à débarras-
ser sa fille de ses vêtemens qui la gê-
nent, il connaît, à ne point s'y méprendre, sa faute et son déshonneur ?
Cette découverte lui arrache un cri.

« Le voilà donc tombé, se dit-il, ce

voile qui me dérobait cette ténébreuse
et coupable intrigue! Ah! ciel, faut-il
que j'aperçoive si tard toute l'étendue
d'un malheur que je n'avais pas même
soupçonné!» C'est alors que la rage et
le désespoir s'emparent de son âme et
s'y livrent un violent combat; il déteste son existence, il maudit les hommes, il demeure anéanti : cependant
l'état de Palma réclame ses secours, il
les lui prodigue en gardant un morne
silence : dès qu'il croit que sa fille est
mieux, d'un ton impératif il lui ordonne de le suivre, et de rentrer sous
le toit paternel. «Palma! lui crie-t-il
avec l'accent du désespoir, vous avez
encouru mon indignation; l'état où
vous êtes m'ordonne d'user de ménagement envers vous; mais, plus tard,
je saurai faire parler les lois et punir

votre séducteur. Ce n'était pas assez d'outrager votre Dieu, d'insulter à ma tendresse, et de sortir des bornes du devoir, il fallait combler la mesure par le déshonneur le plus honteux. »

Palma allait répondre à son père lorsque la Baronne, suivie de ses domestiques, se présenta. Le Comte lui adressa sans ménagement les plus sanglans reproches. « Femme indigne, lui dit-il, voilà donc votre ouvrage ! Au mépris de vos devoirs, au mépris de l'engagement formel que vous avez contracté avec moi, en recevant ma fille dans votre maison, vous avez profité de son inexpérience pour lui inspirer de l'horreur pour la religion que je lui avais donnée, et vous la rendez aujourd'hui ennemie de son culte, de son père, de sa famille : mais c'est peu !

votre négligence criminelle est encore
cause que la couche virginale a été
souillée; et, sous vos yeux, l'hospita-
lité, respectée partout, a été indignement violée dans votre maison. On a
joint le sacrilège à la perfidie la plus
complète. O mon Dieu! dites-moi s'il
existe un pays sur la terre où une telle
action ne soit pas un crime digne de
la haine des hommes et de votre châtiment!»

Cependant la vue de la Baronne, un
peu étourdie de l'apostrophe du Comte,
commence à rendre à Palma une partie
de son courage. Presque évanouie en
voyant son père..., elle passe du ton le
plus humble à la fierté la plus révol-
tante; elle répond à son père avec arro-
gance et dans des termes peu mesurés.
La Baronne se joint à cette fille rebelle,

et prie avec hauteur le Comte de quitter sur-le-champ sa maison. Ce malheureux père sort indigné; en s'éloignant, il se retourne vers Palma, la fixe d'un œil étincelant, et lui dit, en la menaçant du geste : « Fille dénaturée! le vrai converti ne signale pas sa religion nouvelle en méconnaissant les vertus sociales, ses devoirs; il n'abjure point, avec son ancien culte, ce qu'il doit de respect aux auteurs de ses jours! Il n'achète pas les applaudissemens de quelques misérables (ajoute-t-il en regardant Mme Luober), en provoquant le mépris d'un père outragé... Palma, je t'abandonne!!!... » La voix paternelle a retenti jusqu'au fond du cœur de cette fille coupable, une dernière fois elle cède à l'ascendant de la nature. Le comte de Polo se jette dans sa voiture et regagne son hôtel, où il s'enferme le reste du jour dans son cabinet, pour donner ses soins à quelques affaires pressées de son gouvernement, qu'il a été contraint de négliger depuis son retour.

CHAPITRE XXXVI.

Aussitôt que le comte de Polo fut dehors, la Baronne écrivit au capitaine-général de Genève. Dans sa lettre elle lui fit le détail de la conduite du père de Palma. Elle lui demanda de nouveau sa protection, et la grâce de lui envoyer quelques gardes de ville pour veiller à sa sûreté contre les violences du Comte, dans le cas où il lui prendrait fantaisie de se présenter une seconde fois. Ce fut le ministre Ulvic qui fut chargé de ce message au gouverneur, qui s'empressa d'y répondre, en ordonnant à un major, de service à son palais, d'envoyer sur-le-champ six hommes armés chez la Baronne de Luober, de n'en point quitter sans son ordre; de protéger cette dame, dans le cas où quelqu'un voudrait l'insulter dans sa maison; de se saisir des coupables, et de les conduire, de gré ou de force, chez le juge du quartier.

Nanti de cette consigne, un sergent avec cinq hommes, prirent le chemin de la maison de la Baronne, où ils furent installés dans une pièce basse près de la porte d'entrée, où tout leur fut prodigué avec empressement.

Ce que la Baronne avait prévu arriva, le surlendemain, le comte de Polo qui ne pouvait tenir à l'idée cruelle de voir sa fille perdue pour sa tendresse, forma le projet d'aller encore la trouver et de faire tout près d'elle pour vaincre ce qu'il appelait son insensibilité; dans l'espoir de la ramener à lui, il avait résolu de repasser sur-le-champ en Espagne. Il monta donc en voiture, et se présenta de nouveau à la porte de Mme Luober. Le Comte est signalé, on ne veut pas le laisser pénétrer dans la maison, il veut forcer les domestiques; c'est alors que le sergent et les cinq gardes de ville se présentent et invitent le Comte à se retirer de bonne grâce. Il prétend qu'il ne le fera qu'accompagné de sa fille, qu'on ne peut, dit-il, lui refuser de voir et d'entretenir; mais, quelles que soient ses instances, il est repoussé, et la porte se ferme sur ses pas.

Le Comte, furieux, remonte en voiture et se fait conduire chez le capitaine général, pour y porter sa plainte et demander justice; mais là, comme chez la Baronne, il est éconduit. Le gouverneur n'est pas visible; il ne pourra même lui parler de toute la journée. Le Comte alors demande du papier et laisse au capitaine-général la lettre suivante :

« Monsieur le Gouverneur,

« Je viens implorer votre appui; mon titre d'étranger me donne le droit d'y compter. Fidèle observateur des lois de votre pays, je dois trouver en elles un second protecteur. Mes droits les plus sacrés ont été froissés; ils viennent d'être méprisés. Plein de confiance, je viens en demander satisfaction.

» Espagnol et chrétien, je suis venu au milieu de vos concitoyens régler leurs intérêts et ceux de ma patrie. Mes enfans m'ont suivi : je n'ai point voulu me séparer d'eux. Je croyais pouvoir m'occuper, comme par le passé, de leur éducation, et en faire le délassement de mes travaux consulaires; mais, entraîné par le roulis des nombreux obstacles et des difficultés sans nombre que j'ai tous les jours à vaincre, je me suis vu forcé de m'en séparer et de les confier aux soins d'une femme dont vous-même, monsieur le gouverneur, m'aviez vanté la probité et les vertus; mais qui, loin de justifier votre confiance, et par suite la mienne, les a indignement trahies!

» Pendant mon absence, une intrigue religieuse a détourné ma fille aînée du culte de ses ancêtres; la séduction la plus noire l'a déshonorée. Maintenant un repaire la dérobe à mes conseils. Repoussé par une soldatesque insolente, je ne peux la voir ni lui donner un dernier témoignage de ma tendresse, et, par conséquent, la toucher par ma peine et mon désespoir.

» Non, monsieur le gouverneur, non, vous ne souffrirez point cet acte d'iniquité; vous céderez aux angoisses d'un père déchiré par la pensée de sa fille enlevée à sa religion, ravie à son amour paternel, à la pensée plus affreuse, s'il est possible, de se voir trompé et méprisé par un enfant égaré auquel il ne demande qu'à pardonner.

» Si vous êtes père, monsieur le gouverneur, vous sentirez toute l'amertume de ma douleur; vous la partagerez, vous la ferez cesser. Ma fille est soustraite à mon autorité; tout sentiment filial est éteint dans son cœur : la morale est outragée! Un moment je me suis cru abandonné; dans mon malheur, mes regards se sont tournés vers votre équité, et l'espoir est rentré dans mon cœur. »

Je suis, etc.

Le comte DE POLO,
Consul gén. du Com. des Espagnes.

Cette lettre cachetée fut remise au

secrétaire du capitaine-général, qui assura le Comte qu'elle serait fidèlement remise au gouverneur aussitôt son retour au palais. Le Comte se retira à son hôtel, bien résolu d'arracher de force Palma de la demeure de la Baronne, si dans la journée on ne faisait pas droit à sa réclamation.

Le capitaine-général, dans les intérêts de madame Luober, ne fit aucun cas de l'épître du comte de Polo ; seulement, par pure politesse, il croit indispensable de lui faire savoir que son mémoire a été renvoyé au Sénat, et, sur le reste, il garde le plus profond silence. Le Comte ne conçoit point d'où peut venir ce manquement d'égard. Il se voit abandonné du gouverneur de Genève, sur la justice duquel il comptait; il se détermine à faire un éclat, remet au lendemain à venger son af-front et soustraire Palma aux mains de l'insidieuse Baronne.

CHAPITRE XXXVII.

Que les heures s'écoulent lentement
au gré de l'impatience du Comte! que
la nuit semble longue à celui qui ne
respire qu'après l'instant de venger un
outrage! que d'angoisses! quel tour-
ment! que d'anxiétés! Le malheureux
comte de Polo, si bon, si généreux, ne
rencontre partout que des hommes per-
fides. Sa bienfaisance est toujours le
signal d'une ingratitude. Oh combien
son âme est déchirée! sa fierté seule
soutient encore son courage et lui donne
de l'énergie. Des larmes amères coulent

de ses yeux; sa tête s'égare et appelle sa fille; il lui parle...elle est perdue pour lui!... Il ne doit plus la revoir que pour en être indignement blessé; et cependant sa tendresse paternelle n'ose encore l'accuser d'être seule coupable. Ce père infortuné se jette dans les bras de la religion...Sa tête se calme peu à peu; son cœur bat moins fort; il devient plus tranquille. La prière qu'il vient d'adresser à l'Éternel a ramené la paix dans son âme abattue; le sommeil réparateur surprend sa paupière appesantie, et la douce espérance vient en songe lui offrir l'image du bonheur.

La huitième heure du jour a sonné; Alvarès et Laurence, suivant l'ordre qu'ils en ont reçu, se rendent auprès de leur père, et se présentent devant lui : il est déjà levé. Il embrasse ses enfans, qui s'informent respectueusement de sa santé dans les termes les plus tendres. Le Comte les engage à passer dans une pièce voisine pendant qu'il va faire sa toilette ; et aussitôt après il les emmène avec lui, et tous trois se rendent à pied chez la baronne de Luober.

La scène est plus vive cette fois que les autres ; le Comte sonne rudement ; une servante vient lui ouvrir. Il demande à parler à Palma, et cette fille, à qui l'on a fait sa leçon, l'engage à entrer dans une salle pendant qu'elle va prévenir sa maîtresse ; mais quel scandale ! la porte de la salle se ferme sur le Comte, Alvarès et Laurence, et le sergent, qui avait sa consigne, les constitue prisonniers. Le comte de Polo veut se récrier sur cette nouvelle injustice et l'insulte que l'on fait à son caractère de consul du commerce ; mais le sous-officier lui ferme la bouche en lui disant qu'il n'agit que d'après l'ordre de son supérieur.

Un quart-d'heure se passe ; la Baronne, d'un air de triomphe, vient prévenir le Comte qu'il ne verra sa fille qu'en présence du juge du quartier, qui va se rendre dans sa maison. Le Comte veut répliquer ; mais cette méchante femme se retire, en jetant sur lui et ses enfans un regard où se peignent l'audace et le mépris.

Enfin le juge si impatiemment attendu se présente. Il commence par demander à entretenir Palma en particulier ; on le fait passer dans un salon voisin de la salle où est le Comte ; il reste fort long-temps enfermé avec la

Baronne et la fugitive Espagnole. Pendant ces conférences, le Comte, Alvarès et Laurence demeurent sous la garde des soldats. Le juge reparaît : il fait subir un interrogatoire au Comte qui, malgré ses instances, ne peut obtenir de ce magistrat l'insertion dans le procès-verbal qu'il dresse, de ses réponses dans les termes propres dans lesquels elles ont été faites.

Après mille questions plus humiliantes les unes que les autres, la Baronne et Palma sont appelées : elles paraissent. La vengeance étincelle dans les yeux de Mme Luober. Le calme le plus froid se peint sur le visage de la fille du Comte. La vue de sa famille assemblée et dans une aussi indécente situation ne la touche point. L'orgueil semble avoir jeté un voile de bronze sur son cœur, dont le poids l'empêche de bondir comme autrefois lorsqu'il se trouvait près des êtres qui lui étaient si chers.

Après un long silence, le juge se leva de son siége, prit un air grave, et, en peu de mots, conclut à ce que Palma, étant en âge de majorité, pourra suivre tel exercice de religion qu'il lui plaira, sans que son père pût le trouver mauvais; et que, suivant la déclaration du comte de Polo, qui ne veut souffrir dans sa famille aucun individu, à moins qu'il ne professe sa religion, il sera tenu de faire par acte, et sans désemparer, une pension alimentaire à sa fille, conforme à sa naissance et au rang qu'elle doit tenir dans le monde.

Le Comte eut beau se récrier sur ce

6*

jugement; et faire l'observation que , puisque l'on n'a point fait droit à sa requête, on n'a pas le droit de le juger dans un pays où il est étranger à la religion, aux lois et aux usages. Il va poursuivre et prouver au juge combien son raisonnement est fondé, lorsque Palma, s'avançant vers lui , l'interrompt et lui signifie qu'elle ne peut et ne veut point retourner dans sa famille; que s'il refuse de lui faire une pension , elle se verra forcée d'employer les voies judiciaires pour se faire rendre compte des biens de sa mère, et finit en suppliant son père de lui épargner cette démarche, qui lui serait pénible. Poussé dans les derniers retranchemens, le Comte, entouré de baïonnettes, est contraint de céder à l'empire des circonstances. Il signe, en frémissant de rage, un acte tout dressé que lui présente le juge, par lequel il assure à son ingrate fille une pension de douze mille réaux, et la liberté de vivre où bon lui semblera.

Ce malheureux père était-il assez outragé; et pouvait-il trouver des expressions capables de peindre ses chagrins?

Lorsque les choses furent ainsi arrangées, Palma, le sourire sur les lèvres, enleva brusquement l'acte des mains du juge qui venait de le signer, ainsi que le sergent, comme témoins, et disparut, avec la Baronne. Le juge se retira à son tour, en annonçant au Comte qu'il était libre, et qu'il pouvait retourner à son hôtel.

Alvarès et Laurence, indignés, en-
traînèrent leur père hors de la maison
de Mme Luober. Tout en regagnant sa
demeure, le Comte se disait à lui-même :
«C'est ma fille bien-aimée ! c'est l'idole
de mon cœur ! c'est Palma enfin qui
élève contre moi une voix accusatrice ;
c'est Palma qui ne rougit plus d'être
l'instrument des persécutions que j'é-
prouve. Ah, ciel ! quel est-il donc le
monstre vomi des enfers qui a séduit
son esprit et corrompu son âme ! Quelle
puissance a donc pu anéantir en elle
les sentimens de la nature, pervertir
son cœur, et l'amener à ce degré d'insensibilité au point de sourire au désespoir d'un père malheureux ! »

Rentré dans son appartement, le
comte de Polo fut obligé de se mettre

au lit, où Laurence le veilla tout le jour et une grande partie de la nuit, ne voulant pas céder à des mains mercenaires les soins que l'état de son père exigeait. Autant le Comte a pu remarquer de froideur et de dureté dans le cœur de Palma, autant il trouve de sensibilité, de tendresse dans celui de Laurence.

Le lendemain de cette scène terrible, Alvarès et Laurence, profitant d'un léger sommeil qui vient de surprendre leur père, montent en voiture, et se rendent chez la Baronne. Cette dame était allée remercier le capitaine-général de l'empressement qu'il a bien voulu mettre à la servir. Palma se présente avec assurance devant son frère et sa sœur. Alvarès veut lui faire quelques remontrances sur sa conduite, et les moyens de réparer ses torts. Laurence seconde son frère, lui rappelle les jeux de leur enfance, leur amitié qui ne devait jamais finir entre eux, et, par les larmes et les prières, tous deux ils l'engagent à rentrer sous l'autorité du meilleur des pères, qui, en la revoyant soumise et docile à sa volonté, ne se souviendra de ses écarts que pour les lui pardonner; mais rien ne fait sur Palma; elle demeure insensible à toutes les instances : les larmes ne la touchent plus. Elle est arrivée à ce degré d'insensibilité où l'âme est incapable d'aucune impression. C'est un roc contre lequel va se briser également et le flot paisible et la vague en fureur. Au désespoir du mauvais succès de leur

démarche, Alvarès et Laurence se re-
tirent, et vont prodiguer à leur père
infortuné les tendres soins que la religion leur commande, que leur devoir
leur prescrit.

CHAPITRE XXXVIII.

Malgré les précautions du ministre Ulvic et de la Baronne, cette affaire commence à transpirer dans le monde. Bientôt elle y fait beaucoup de bruit : on ne parle plus dans tout Genève que de la conduite du ministre, et de la coupable et lâche complaisance de la Baronne pour servir son ami et travailler à sa fortune. Quelques sénateurs recommandables, hommes justes et qui ont eu l'occasion de pouvoir apprécier la probité du comte de Polo, le plaignent sincèrement et s'intéres-

sent à sa cause. Son mémoire, qu'il a
fait imprimer et qui circule dans tous
les salons de la ville, est sous leurs
yeux; ils l'examinent avec attention,
et insistent pour qu'à la première assemblée du Sénat il soit fait droit à la
requête du consul espagnol.

Cette nouvelle vient à la connaissance de Mme Luober. Elle commence
à craindre pour elle, et surtout pour
le ministre Ulvic; elle ne sait trop quel
moyen employer pour détourner l'o-
rage qui se conjure; elle se détermine
à aller consulter Ulvic sur le parti le plus
prudent à suivre; mais, avant de par-
tir, elle envoie chercher un homme
de justice et lui commande un mémoire qu'il fera imprimer et circuler
dans Genève. L'avocat, bien payé, sert
la Baronne à souhait, et dans trois

jours, la ville est inondée de la défense de Mme Luober, où l'on remarque à chaque page le mensonge et la mauvaise foi.

Palma, de son côté, projette de se réunir à son amant ; aucun obstacle ne s'oppose plus à leur union : elle lui écrit :

« Cher Ulvic:

» La cause de l'amour triomphe. Rien ne s'oppose à notre mutuel bonheur. Pour devenir votre épouse il fallait embrasser votre religion, et je suis protestante. Un acte signé du Comte mon père m'assure une pension qui peut suffire à notre existence. Cher Ulvic, plus d'inquiétude pour l'avenir. Dans quelques jours, je serai mère ; je suis d'avance glorieuse de porter ce titre, puisque je le tiendrai de celui que j'aime plus que ma vie, et pour qui j'ai fait tant de sacrifices. Hâtez donc votre retour; que les nœuds les plus saints consolident notre tendresse; qu'elle s'augmente encore, s'il est possible, par notre union; qu'elle s'épure aux pieds du trône de la divinité. »

» PALMA, née POLO. »

Ce fut la Baronne qui se chargea de remettre cette lettre pressante; elle partit le lendemain pour le hameau où Ulvie s'était retiré. Aussitôt que M^{me}Luober fut auprès de lui, elle fit le récit de tout ce qui s'était passé entre le Comte, elle et Palma; lorsqu'elle en fut à l'article de la pension, qu'il trouva modique, il fronça le sourcil et ne put cacher le mécontentement qu'il éprouvait. Que de peines pour rien ! s'écriat-il en se retournant vers la Baronne , qui lui présentait la lettre de sa maîtresse. Le ministre ambitieux espérait que Palma exigerait de son père une somme beaucoup plus forte ; il considérait douze mille réaux comme fort peu de chose, et même insuffisans pour faire vivre honorablement deux personnes. La Baronne voulut lui faire quelques observations, qui furent assez mal reçues. Le but d'Ulvic était manqué à n'en point douter, et son projet de mariage avec Palma s'évanouit avec ses espérances trompées. L'épître de sa maîtresse , qu'il lut avec indifférence, ne toucha point son cœur, tout entier à l'ambition. Au contraire, poursuivi par l'idée d'un procès criminel que pourrait fort bien lui intenter le

Comte, si effectivement le Sénat prenait à cœur son affaire, il ne respira
plus qu'après l'occasion de s'éloigner
de Genève pour n'y plus revenir. La lettre de Palma resta sans réponse, la
Baronne revint chez elle prendre de
l'or, et arrêter de suite une chaise de
poste. Elle y monte à l'insu de Palma,
et se dirige de nouveau vers la retraite
du ministre, qui l'attendait. Il se plaça
à côté de Mme Luober, qui devait le
quitter à la première poste; la chaise
roula sur la route d'Allemagne. Mais
le Ciel, qui tôt ou tard punit le crime,
ne permit pas que ce voyage s'accom-
plît. En quittant le hameau, un oura-
gan furieux s'éleva tout-à-coup; une
pluie abondante en fut la suite, et
inonda la route en un moment. L'é-
clair brillait et la foudre grondait ma-

jestueusement, en faisant redire aux échos son bruit terrible et imposant. Le postillon, qui allait toujours, en quelques minutes gagna une forêt : à peine y fut-il enfoncé, que la foudre, qui n'avait cessé de gronder au-dessus de la tête des coupables, éclata avec une telle violence, que les montagnes voisines en furent ébranlées jusque dans leur base. Le tonnerre vient briser l'impériale de la chaise de poste, glisse le long d'un triangle de fer, et va frapper au cœur le ministre Ulvic. La Baronne effrayée, s'évanouit; les chevaux refusent de marcher; le pauvre postillon transi de peur, les deux genoux en terre, invoque le Ciel de suspendre son courroux. Sa prière a été entendue : la pluie cesse, l'éclair ne brille plus; le tonnerre est rentré dans les cieux. Le postillon remonte à cheval, la voiture gagne la maison des relais, la Baronne a retrouvé l'usage de ses sens, Ulvic, blessé à mort, respire encore. Enfin, dans ce désordre affreux, on arrive à la poste, et ce n'est que là qu'on peut porter des secours au ministre mourant. Des garçons de l'auberge le descendent de la voiture, et le placent dans une chambre basse de la poste. Tout le monde s'empresse autour d'Ulvic. Le chirurgien appelé, sonde la blessure, la déclare mortelle, et se retire en assurant à la Baronne que le blessé n'a plus que quelques minutes d'existence. Mme Luober pleure amèrement la perte d'Ulvic, et ose encore accuser le Ciel, qu'elle a outragé.

Cependant, après quelques instans de calme, le ministre à qui l'on a fait prendre quelques gouttes d'une liqueur spiritueuse, retrouve assez de force pour parler à la Baronne. « Mon heure dernière approche, lui dit-il, en lui serrant affectueusement la main ; dans un moment j'aurai cessé de vivre. Je ne peux m'y méprendre, madame, ce coup mortel est le juste châtiment de mes fautes. Quand Dieu se venge, il punit en Dieu ; il met toujours entre lui et le coupable qu'il veut frapper, l'instrument de sa céleste colère ; le fer, le feu, les tempêtes, les armées même, sont, quand il lui plaît, les verges vengeresses de sa fureur ; il abat, il terrasse l'impie, comme il récompense le juste... » Ici la voix d'Ulvic s'altère ; une faiblesse s'empare de son être, une sueur froide coule sur ses membres à demi-glacés ; une crise s'annonce ; elle est le signal de la dernière heure. Les yeux tournés vers la voûte céleste, le ministre expire dans les bras de la Baronne.

Après avoir fait rendre à Ulvic les devoirs de la sépulture, Mme Luober, ne jugeant pas convenable de retourner de suite à Genève, se fait amener une autre chaise, et le lendemain, à la pointe du jour, elle se rend au château de Vilbrock, qui appartient à une dame de ses amies : elle compte y rester quelque temps.

La Baronne s'occupa une partie de la nuit à pleurer la mort d'Ulvic, et à faire une lettre pour Palma, par laquelle elle annonçait à cette fille la fin tragique de son amant. Avant de quitter la poste, cette lettre, par ses soins, fut envoyée de suite à Palma, qui la reçut des mains d'un paysan. En recevant ce fatal billet, la fille du comte de Polo, qui n'en connaît point le contenu, le porte de ses lèvres sur son cœur. Il est, selon elle, l'assurance de son bonheur. Mais que devint-elle en le lisant? La foudre qui vient de frapper Ulvic n'a rien de plus terrible; la plume ne peut peindre qu'imparfaitement le désespoir de cette infortunée, jouet de la duplicité la plus complète. Elle déchire ses vêtemens, elle s'arrache les cheveux, elle maudit sa destinée, déteste son amour et sa faiblesse. En ce moment, son imagination la remet sur la voie des outrages faits au plus vertueux des pères; les plus cuisans remords assiégent son âme; la vie lui devient un fardeau pénible. Un couteau se rencontre sous ses mains; elle le contemple avec fureur, avec une joie hideuse; la malheureuse va s'en frapper: son enfant s'agite dans ses flancs, et la fait ressouvenir qu'elle est mère! le fer s'arrête sur son cœur; elle le rejette loin d'elle avec horreur, en s'écriant: Ciel! j'allais commettre un crime de plus!

En ce moment, Palma éprouve les premières douleurs de l'enfantement; sa tête se perd, son esprit est troublé; elle quitte furtivement la maison de la Baronne, et dirige ses pas au hasard dans la campagne de Genève. Son œil enflammé cherche çà et là un toit hospitalier.

Quels que soient les torts de Palma, envers l'auteur de ses jours, l'honneur, la vertu et la religion, on ne peut demeurer insensible à son état cruel : sa situation est mille fois plus affreuse que la mort. Le cœur attendri s'ouvre à la pitié en y songeant, et les yeux, en se détournant de dessus cette victime coupable, ne peuvent lui refuser une larme!

CHAPITRE XXXIX et dernier.

—————

Délaissée par le monstre qui a fanatisé son esprit et séduit son cœur ; abandonnée d'un Dieu qu'elle n'a pas craint d'abandonner ; réprouvée, en horreur à elle-même, Palma fuit un père qui n'est que trop justement irrité. Mais où portera-t-elle ses pas chancelans, que les douleurs aiguës de l'enfantement ralentissent encore ? Quel être voudra la regarder avec pitié, quel toit voudra la recevoir ?

Déchirée de tous les tourmens de l'enfer, la malheureuse Palma, au point du jour, gagne, seule et à pied, la campagne de Genève, la tête troublée, l'estomac vide de nourriture, et, poussée par l'accroissement des douleurs, elle se dirige vers une cabane : c'est celle d'un pâtre; elle s'avance, elle chancelle auprès de la porte du montagnard..., la mort est sur ses traits; un souffle de vie lui reste encore, c'est pour crier : « Sauvez les jours de l'être infortuné que je porte dans mon sein! »

Le son de sa voix a retenti dans la cabane hospitalière et jusques dans le cœur de ceux qui l'habitent. La porte s'ouvre, Palma est recueillie; mais elle a perdu connaissance, et lorsqu'elle revient à elle, c'est le grabat du pauvre qu'elle arrose des larmes du repentir.

Malgré leur indigence, les bons montagnards ont porté des secours à l'infortunée et coupable Palma : les habits qu'elle porte, son état, leur ont inspiré un certain respect. Ces bonnes gens cherchent à la consoler, mais inutilement. Ils lui font cent questions auxquelles elle ne répond point. La douleur semble avoir paralysé toutes les facultés de Palma : sa vie est le néant de la mort, son cœur ne bat que faiblement, tout en elle annonce une fin prochaine. Elle prononce de temps en temps le nom de l'infâme Ulvic; et c'est tout ce qui s'échappe de sa bouche décolorée.

En desserrant son corset, la femme du pâtre a trouvé un portrait; c'est celui d'un vieillard : son costume est étranger. Le pâtre, après l'avoir longtemps examiné, se décide à l'aller présenter au capitaine-général de Genève, afin d'avoir des renseignemens positifs sur la belle dame qu'ils ont dans leur cabane. Sa femme, qui partage son idée, l'engage à faire diligence, et aussitôt il se met en route.

Ce bon paysan n'est pas à un mille de sa maison que les douleurs que ressent Palma recommencent à se faire sentir avec plus de violence. La pauvre femme la quitte un moment pour aller appeler une autre montagnarde; et ces deux femmes, guidées par la bonté de leurs cœurs, aident Palma à mettre au monde un enfant, la vivante image du perfide Ulvic.

L'état de la malheureuse fille du comte de Polo est désespérant. On court dans le hameau voisin chercher le médecin, il est absent; il faut aller à la ville pour en trouver un autre. Cruelle et pénible situation! Un tremblement universel s'est emparé de la malheureuse victime; le râle de la mort se fait entendre; les yeux de Palma sont remplis de larmes.

Ce funeste état dure près de deux heures. La femme du pâtre et sa compagne sont à genoux au pied du lit de Palma; elles prient le ciel pour l'infortunée qu'elles viennent de secourir.

Un bruit de voix et les pas de plusieurs personnes se font entendre; c'est le pâtre hospitalier qui revient; il guide le comte de Polo, Laurence et Alvarès: encore une minute, et ils entourent la couche funéraire de Palma.

Jacques avait fait une telle diligence, qu'en moins de trois heures ce brave homme avait réuni toute la famille Polo, l'avait informée de ce qui se pas-

sait chez lui, et l'avait amenée à sa cabane, pour recevoir, disait-il, les derniers soupirs de l'infortunée qu'il avait
eu le bonheur de secourir. Le comte
de Polo lui avait offert une bourse.
Mais Jacques faisait le bien sans espoir
de récompense; il avait refusé nette-
ment le Comte, qui, malgré sa douleur, ne put s'empêcher d'admirer la
grandeur d'âme de cet homme.

Enveloppé dans son manteau, ab-
sorbé dans ses chagrins, escorté de
Laurence et d'Alvarès, guidé par le paysan, le malheureux Comte, en mau-
dissant les hommes, s'avançait vers la
cabane, où le plus déchirant tableau
allait briser son cœur. Il marche d'un pas
ferme et rapide, le silence est sur ses
lèvres, la douleur paternelle absorbe
son âme généreuse. Laurence pleure,

Alvarès ne respire que vengeance, et brûle du désir de venger l'affront de sa famille dans le sang impur du coupable.

Cette famille, mue de divers sentimens, se présente devant la cabane. la porte s'ouvre. La fermeté du Comte renaît; son œil étincelle de colère; on lit sur son front la malédiction. Alvarès jette un regard terrible sur l'enfant qui est auprès de Palma, et la triste Laurence gémit et implore la grâce de sa sœur, jouet de l'amour et du fanatisme.

A la voix d'un père méconnu, méprisé, Palma se ranime; son œil mourant se tourne vers l'auteur de ses jours. Elle cherche sa main..... elle la rencontre. Toute la fureur du Comte cesse en voyant l'état déplorable de sa fille chérie : l'humanité fait place à la colère, et la nature reprend sur lui tous ses droits.

Palma retrouve un instant de calme ; elle jette un regard autour de son lit ; tous les êtres qui jadis lui étaient si chers sont près d'elle. La parole lui est revenue : elle s'adresse à son père : « O vous de qui je tiens la vie ; vous qui m'aviez guidée dans le sentier de la vertu, ne maudissez point votre fille ; elle est coupable de perfidie envers vous, d'oubli envers sa religion ; elle s'est déshonorée aux yeux des hommes : un monstre est cause de toutes ses fautes. Hélas ! trop tard la main de l'inexorable vérité a déchiré le voile de l'erreur ! Entraînée dans l'abîme par un amour violent, guidée de chute en chute par le démon du fanatisme jusqu'au fond du précipice, la mort seule, la mort doit expier mes crimes. O mon père! recevez-en le serment; je reviens de toute la force de mon âme à la foi de mes aïeux, à la religion catholique, qu'un fol amour m'a fait abjurer. Ce n'est point au dernier instant de son existence que l'homme est parjure. Vous ma sœur, vous mon frère, ayez quelque compassion de l'alma; l'erreur seule lui fit méconnaître la voix du sang... Je n'ai plus qu'un instant à vivre; adieu. mon père; plaignez votre fille; elle meurt chrétienne, ne la maudissez pas!...» Et la mort de sa faulx cruelle a tranché le fil de l'existence de l'infortunée.

Rien ne pourrait peindre le désespoir d'Alvarès et de Laurence; rien ne peut rendre la fureur du vertueux père.

La mort de Palma devient le signal de
sa vengeance; il poursuivra Ulvic jusques au bout du monde; et c'est Alvarès qu'il charge de ce funeste soin.

A la fureur succèdent les larmes. Ce
malheureux père ne peut s'arracher
d'auprès de Palma; il serre entre les
siennes sa main glacée par la mort; ses
lèvres paternelles vont chercher les lèvres décolorées de sa fille expirante; il
s'écrie dans son désespoir : « Est-ce bien
toi, ma Palma? Chère enfant! tu étais
née pour la vertu; et cependant tu as
succombé sous l'orage des passions.
Un monstre m'a ravi ton cœur, a troublé ta raison, a détruit la fermeté de
ton caractère; il a fait plus, il t'a fait
abjurer ta religion! et je vis encore!!!...
Malheureuse fille! un jeune guerrier
paré des grâces du bel âge, environné

des rayons de sa gloire, n'a pu faire
chanceler sa vertu ; un homme des autels l'a séduite, l'a perdue !!!... »

Alvarès et Jacques, déchirés par cette
scène de douleur, s'empressèrent de
faire sortir le comte de Polo, et de le
reconduire, ainsi que Laurence, à Genève, où ils restèrent enfermés pendant
plus de huit jours. Alvarès et Jacques
s'occupèrent ensuite des funérailles de
Palma.

L'enfant qu'elle venait de mettre au
jour ne survécut à sa mère que de quelques heures, et fut placé, à côté d'elle,
dans le même cercueil.

Alvarès, d'après l'ordre de son père,
acheta la cabane de Jacques, et la paya
généreusement. Elle fut convertie en
une chapelle, au milieu de laquelle on
voit encore aujourd'hui le monument

simple qui recèle les cendres de Palma,
victime de la séduction, de l'amour et
du fanatisme !

FIN DU SECOND ET DERNIER VOLUME.

de l'auteur, s'il s'en est élevé, et les motifs qu
ont déterminé le Musée à l'attribuer au maîtr
sous le nom duquel il est porté. Chaque articl
de peintre sera précédé d'une notice extrême
ment succincte sur l'époque et le lieu de nai
sance et de la mort de l'artiste. Enfin, l'ouvraj
sera terminé par une table chronologique d
peintres dont la collection de la Couronne pé
sède des tableaux, et une table générale de to
les tableaux décrits.

Ce catalogue, imprimé par M. P. Didot aîr
sur beau papier, paraîtra dans le courant de 18
Le prix de chaque volume sera de 6 francs po
les personnes qui auront souscrit avant le m
de septembre 1822 ; passé cette époque, le p
de chaque volume sera de 7 francs. On ne p
rien d'avance, il y aura quelques exemplai
en papier vélin, dont le prix sera double.

On souscrit à l'hôtel d'Angevilliers, rue
l'Oratoire.

Et à la Direction du Musée, au Louvre.

www.ingramcontent.com/pod-product-compliance
Lightning Source LLC
LaVergne TN
LVHW051110200726
843508LV00001B/453